MOYENS

D'OBTENIR LE *BIEN* QUE DESIRENT

LE ROI,

LE DAUPHIN,

ET LES CHAMBRES;

ET

D'ÉVITER LES *MAUX* QUI DÉRIVENT

DES CONCEPTIONS FINANCIÈRES

DE M. LE PRÉSIDENT DU CONSEIL DES MINISTRES.

Armand Séguin,

Membre correspondant de l'Académie Royale des Sciences.

PARIS.

Janvier 1826.

En toutes choses, particulièrement en finances, il importe *essentiellement*, pour juger de la nature et de l'importance de la balance de *fait* et de *conséquences* d'une *opération*, d'en apprécier, à l'aide de données absolues, ou, à leur défaut, à l'aide de l'ordre le plus raisonnable des probabilités, ses résultats définitifs.

SI LE ROI SAVAIT......!

« *Nous le proclamons hautement : la conversion,*
« *telle qu'elle a été opérée, fait disparaître les*
« *inconvéniens de la situation dans laquelle l'émis-*
« *sion des rentes de l'indemnité, et l'arrivée des*
« *5 pour cent au-dessus du pair, avaient placé*
« *le trésor.* »

(Journal officiel.)

IMPRIMERIE DE CHAIGNIEAU JEUNE.

Au Roi,

Au Dauphin,

Au Gouvernement,

Aux Chambres,

Aux Indemnisés,

Aux Rentiers,

Aux Contribuables,

Au Public;

Au nom de la prospérité de l'Etat,
et de l'intérêt de chacun de ses membres,

Daignez lire

et

Prononcer.

AVANT-PROPOS.

QUOIQUE les détails que renferme cet écrit soient nombreux, je n'ai pas cru cependant devoir les trop *abréger*, eu égard au grand intérêt des résultats;

D'abord, parce qu'en de telles matières il importe à la *prospérité* de l'état que chacun puisse, par son examen et ses recherches personnelles, acquérir une *conviction intime*;

En second lieu, parce que ces résultats sont, par eux-mêmes, d'une telle *importance*, que les suffrages ne doivent pas seulement avoir la *confiance pour unique* mobile, mais doivent, plus particulièrement, n'être que l'expression d'un sentiment profond de conviction;

En troisième lieu, parce que quelques développemens soulageront nécessairement l'attention dans la vérification *désirable* des propositions;

En quatrième lieu enfin, parce que, à tout évènement, mes exemples pourront servir de canevas et de cadres, en cas de *modifications* ou de *substitutions*, aux personnes qui desireraient prendre une idée fixe, ou même seulement suivre la succession, soit absolue, soit dirigée par l'ordre raisonnable des probabilités, des résultats *compliqués* de toutes les opérations financières ayant de *l'analogie* avec celles qui aujourd'hui nous *compriment*, *entravent* notre marche, et ne nous présenteraient, si nous n'y apportions pas au moins des changemens et des modifications *salutaires*, que des *présages sinistres*.

Je ne regarde pas au surplus cet ensemble comme un tableau *invariable* de notre avenir financier;

Dabord, parce qu'à cet égard, il est *désirable*, pour *tous*, que les *hommes* et les *choses changent*;

En second lieu, parce que, ainsi que je crois l'avoir *évidemment* prouvé, la France, relativement à la nouvelle *position politique* de l'Europe, et sur-tout sous son aspect *commercial* et *financier*, se trouverait *impitoyablement* et *irrévocablement sacrifiée* par le *maintien* de nos *fausses*, *tortueuses* et *obstinées* combinaisons ministérielles, et ne pourrait plus entrevoir de *salut* qu'autant qu'on éliminerait les *éventualités* de notre *direction* financière, pour n'y conserver que des élémens *fixes* et *absolus*, qui restreignissent notre *dépendance*, aux chances qui, en raison des nuances et des rapports infinis des bases qui les influencent, sont au-dessus de toutes les prévisions humaines, savoir aux conséquences médiates et immédiates de résultats *matériellement fixes* dans leur *succession*.

C'est sur-tout en ce sens que j'ai dit :

« En finances, les gouvernemens *sages* « ne doivent pas s'exposer à des *chances* « *d'éventualités ;* lorsqu'ils y sont forcés, ils « doivent au moins en *fixer* les limites. »

Mon premier but, dans la conception de cet ouvrage, a été de prouver d'une manière *incontestable*, sur-tout pour le *ministère* dont les propositions de *fait* ou de *prévision* me servent de *guide*, que ses *conceptions* financières, *toutes décevantes*, sont une *source de ruine générale.*

Mon second but a été, après avoir établi d'une manière *évidente* cette proposition principale,

D'offrir, comme *moyens de restauration*, un plan qui jouisse de *l'avantage ;*

D'effectuer le *bien* désiré par le Roi, par le Dauphin, par les Chambres, par les indemnisés, par les rentiers, par les contribuables et par le public, sans apporter aucune *détérioration* à la *position* financière des contribuables, même en l'*améliorant ;*

D'acquitter *intégralement*, en capital et en intérêts, la *dette légitime*, *reconnue*, *constatée* et *signalée* par le gouvernement, envers les indemnisés, et, par suite, d'obtenir pour l'État les *conséquences* immédiates de *cet acte de justice et de politique*, savoir, la *fusion* de toutes les natures de propriétés, pour ne plus les voir soumises dans l'opinion générale qu'à un même genre d'*appréciation*, résultat prospère et *compensateur* qui, d'après l'*aveu* ministériel, ne pourrait jamais exister, qu'autant que la dette relative aux indemnités se trouverait *intégralement acquittée ;*

De *respecter*, au moins à partir de ce moment et pour la suite, les droits *légitimes* des créanciers de l'Etat, et de rétablir notre *crédit* ébranlé par les conceptions financières de M. le président du conseil des ministres ;

Enfin, de profiter du *maintien* de ce *rétablissement* de crédit, pour, en cas de *pressentiment* d'événemens sinistres, non pas abuser de cette *prescience* pour imposer une loi de *déception* aux créanciers-*prêteurs*, ce qui, lorsque nous en aurions la possibilité, nous serait toujours *préjudiciable,* ne fût-ce qu'indirectement, mais au moins pour *atténuer* les *charges* de celle qu'on pourrait, soit dans des intérêts privés, *soit dans des intérêts politiques*, avoir la *prétention* de nous *faire subir.*

Sous tous ces aspects, je ne saurais jamais trop le répéter :

Dans l'*administration*, comme dans la *vie privée*, un seul moment d'ambition, d'avidité, d'incapacité, d'incurie, ou même d'irréflexion, est souvent, pour les États comme pour les particuliers, la source *éloignée*, mais *inévitable*, des bouleversemens et des tourmentes.

A leur naissance, les fautes financières n'apparaissent que comme un point de mirage : bientôt elles engloutissent tout ce qu'elles entourent.

Depuis 1780, aucun plan de finances, à aucune époque, sans aucune exception, n'a présenté autant de chances *ruineuses* pour la France, et *préjudiciables au développement de sa prospérité*, qu'en présentent ceux que, depuis trop long-temps, pour notre malheur, M. le président du conseil des ministres *tente obstinément*, et malgré la *désapprobation générale et l'animadversion publique*, de faire surnager.

Et cependant, dans ces plans, la main de M. le président du conseil des ministres n'a certes été heureuse en quoi que ce soit, puisque, en définitive, ses conceptions financières *dévoreraient* les indemnisés, les rentiers et les contribuables, pour le plus grand profit de l'*agiotage*, et le plus grand préjudice de l'Etat.

En effet, je vais démontrer de la manière la plus *évidente* :

1°. Que les *espoirs* qui ont été donnés aux indemnisés dans le but d'obtenir leur assentiment, leurs suffrages et leurs *voix*, ne sont que des *déceptions* ;

2°. Que les *promesses* faites aux contribuables d'une décharge due aux conversions, sont plus que des déceptions, puisque, pour eux, les résultats des conceptions ministérielles se résoudraient en des *accroissemens* importans de nouvelles charges ;

3°. Que les *craintes* suscitées dans l'âme des rentiers, pour les entraîner dans le piége de la conversion, sont des déceptions *inexcusables*, et, dans tous les cas, *préjudiciables* à l'État sous l'aspect de l'*ébranlement* de l'opinion et de l'assentiment public ;

4°. Enfin, que la *forfanterie* d'obtenir plus facilement dans l'avenir de nouvelles ressources, par suite et en raison des dispositions financières de M. le président du conseil des ministres, est d'autant plus *décevante* ~~et perfide~~ que, en réalité, l'exécution de ces conceptions nous assurerait une *défaveur* au moins *matérielle* dans toute *tentative* de ce genre, et *paraliserait* en grande partie nos ressources.

Espérons donc qu'après avoir développé successivement chacune de ces propositions, et avoir ainsi exposé dans toute leur *nudité* les résultats des conceptions financières de M. le président du conseil des ministres, nous serons enfin rendus au bonheur, en recouvrant, par un correctif approprié à notre position, une *vitalité* d'autant plus *imposante* qu'elle se trouvera *confortée* par le souvenir des dangers *imminens* auxquels elles nous auront exposés.

Malheureusement les *antécédens* ne nous ont que trop appris que nous nous ferions *illusion* en espérant que M. le président du conseil des ministres, mieux *éclairé* sur ses conceptions financières, veuille se déterminer à *rétrograder* dans sa marche.

A quelques têtes *privilégiées* appartient *seulement* la présomption de chercher à *persuader* qu'elles ont trouvé la pierre philosophale, en donnant sans *donner*, en *prenant* sans prendre : les trente autres millions d'imaginations françaises seraient sans doute, suivant ces *exclusifs*, trop terre-à-terre, pour planer dans une sphère si élevée ; mais heureusement pour ces trente millions de têtes, il n'en est encore qu'une faible portion qui veuille s'incliner humblement, *pour servir* sans conscience, sans respect pour soi-même.

Un jour viendra où *les maisons de jeu*, jusqu'ici trop *abusivement* et trop *scandaleusement* protégées et favorisées, abandonneront, *leurs affaires se trouvant faites*, le terrain de la bourse : tout s'écroulera, alors ; tout s'abîmera au milieu d'un bouleversement général ; et l'Etat aura à *regretter* la perte d'un crédit passé, si *chèrement acquis*.

Puissai-je me tromper à ce sujet, et être dans l'avenir rangé parmi ceux qui n'ont pas un *sens sain* et *droit* ! Je le desire vivement ; mais, à l'aspect de tout ce qui se passe sur le globe et dans notre intérieur, je n'ose, dans l'intérêt de mon pays, me flatter d'une telle *humiliation.*

En attendant, dans la pénible et *délicate* position où nous ont placés la *politique* et les *conceptions financières* de M. le président du conseil des ministres, fixons, avec *confiance*, nos yeux sur le trône, et ne mettons de terme à la *durée* de l'expression de nos sensations *pénibles*, que quand notre voix respectueuse, *invariable dans sa direction*, sera enfin arrivée aux pieds de la *source de tout bien.*

Puissent notre *bonne étoile* et notre *inaltérable dévouement*, nous accorder, comme *récompense* de nos efforts, la faveur d'atteindre ce but!

Charles X règne.

Nous n'avons plus dès-lors qu'un seul vœu à former :

SI LE ROI SAVAIT.......!

MOYENS

D'OBTENIR LE *BIEN* QUE DESIRENT

LE ROI,

LE DAUPHIN,

ET LES CHAMBRES;

ET

D'ÉVITER LES *MAUX* QUI DÉRIVENT
DES CONCEPTIONS FINANCIÈRES
DE M. LE PRÉSIDENT DU CONSEIL DES MINISTRES.

UNE RÉFLEXION;

UN *VŒU*.

De tous les moyens de faire *long-temps parler de soi*, celui que M. le président du conseil des ministres a *volontairement ou involontairement* choisi, est très-certainement le plus assuré et le plus efficace.

Généralement, l'on perd trop promptement le *souvenir* des bienfaits; la mémoire est beaucoup plus *active* lorsqu'on est blessé au vif, et sur-tout lorsque la plaie reste *continuellement* ouverte.

Sous ce dernier aspect, il est bien *juste* que

M. le président du conseil des ministres puisse *entrevoir,* comme *récompense* de ses conceptions financières, ou de sa protection *trop apparente* envers celles de ses favorisés, la *douce* jouissance que son opiniâtre entêtement semble lui faire *savourer* avec délices :

De faire parler de lui pendant encore au moins cinquante cinq années,

Et d'entendre continuellement dire :

Le système de Law

A fait place au *système Villèle.*

Malheureusement, c'est, on ne peut se le dissimuler, acheter bien *chèrement* cette sorte de *célébrité.*

Puisse donc le ciel, dans *l'intérêt* de la France, et comme nouvelle preuve de sa bienveillance pour elle, lui *suggérer* des modifications *salutaires* à notre marche financière, et *alléger* les maux d'une *fausse* et *obstinée* direction, en frappant, *à défaut de mieux*, l'âme de M. le président du conseil des ministres de cette vérité :

La tenacité élève parfois les hommes ; la tenacité, dépourvue d'un sens droit et sain, ou d'une pureté irréprochable de sentimens, finit toujours par les précipiter dans l'abîme.

L'histoire de l'univers met de la manière la plus absolue, et sans exception, cette vérité en évidence.

BUTS DE L'OUVRAGE.

M. le président du conseil des ministres nous a enfin placés, soit par le *fait* matériel du résultat de ses conceptions financières, soit par la proclamation de ses *prévisions* sur leur exécution, dans une position *telle*, qu'en prenant *uniquement* comme point de départ ce fait matériel et ces prévisions, on peut *fixer*, d'une manière que *lui* sur-tout ne pourrait *contester*, le résultat définitif de son plan financier,

Pour les *indemnisés*,

Pour les *rentiers*,

Et pour les *contribuables*.

Tel est le premier but que je me propose d'atteindre dans cet écrit.

Mon second but sera de présenter des combinaisons nouvelles propres à *remédier efficacement*, au moins en grande partie, aux *maux* qui dériveraient *essentiellement* de la continuation d'exécution des conceptions financières de M. le président du conseil des ministres.

Ce double genre de recherches n'est pas exempt de *complication*, parce que les bases assez nombreuses qui y sont nécessairement réunies influent directement les unes sur les autres.

Je ferai en conséquence tous mes efforts pour *simplifier* mes propositions, et pour les rendre facilement *intelligibles.*

Je réclame seulement *une attention suivie;* et sans doute alors, il n'existera aucun de mes lecteurs qui ne soit en état de *concevoir, sentir* et *apprécier* ma marche et mes résultats.

Pour *tous* en général, et pour *chacun* en particulier, l'objet en vaut bien la peine.

Les matériaux sont là ; il ne s'agit que de les *envisager*, de les *vérifier*, et de les *juger:* pour atteindre ce but, il ne faut que quelque peu de *vouloir,* quelque peu *d'attention*, et quelque peu de *temps.*

N'appelons donc pas sur nos têtes la *malédiction* de nos neveux.

Aide-toi, le ciel t'aidera.

BASES DE L'OUVRAGE.

Pour mieux faire *apprécier* les principales propositions ministérielles, je prendrai, comme bases des miennes, d'une part, le résultat *actuel* et *matériel* des conceptions financières de M. le président du conseil des ministres; d'autre part, les *prévisions* qui ont été insérées dans le journal officiel, relativement au taux *prédit* du rachat des 3 p. 100, par voie d'amortissement, avec une puissance amortissante *annuellement fixe* et *invariable* dans son *importance*.

Suivant ces *prévisions*, le cours vénal des 3 p. 100 éprouverait chaque année une augmentation de 2 fr., ce qui exigerait une durée de plus de douze années pour l'amener à son taux nominal de 100 fr., p. 3 fr.

J'admettrai donc,

1°. Qu'à partir du 22 Juin 1825, la puissance amortissante, qui resterait annuellement fixe, s'éleverait à

77,503,204 fr. (1)

---

(1) Cette puissance amortissante se composerait ainsi qu'il suit :

2°. Que cette puissance amortissante de 77,503,204 fr., serait *exclusivement* appliquée aux rachats des 3 p. 100, quelqu'en fût *l'origine*, tant que leur cours vénal n'atteindrait pas leur taux nominal de 100 fr. p. 3 fr., c'est-à-dire, d'après les *prévisions* ministérielles, environ pendant douze années ;

3.° Qu'au bout de ces douze années, les 77,503,204 fr. de puissance amortissante s'appliqueraient *exclusivement*, pendant plus de trente-trois années, au rachat ou au remboursement successif des 5 p. 100, au pair de 100 fr. p. 5 fr., de préférence au rachat, au pair de 100 fr. p. 3 fr., des 3 p. 100 encore en circulation ; direction qu'on pourrait d'autant moins se permettre de combattre, qu'elle serait dictée par *l'interêt direct* et *immédiat* des contribuables, qui, devant *acquitter* deux capitaux *égaux*, auraient *incontestablement* plus d'avantage à *éteindre* le capital qui leur nécessiterait le débours annuel le plus considérable, c'est-à-dire 5 fr. de revenu plutôt que 3 fr. de revenu ;

4°. Enfin, qu'au bout de ces trente trois années, les 77,503,204 fr. de la puissance amortissante,

---

Rachats en 5 pour cent antérieurs au 22 juin 1825, ...	37,070,107 fr.
Rachats en 3 pour cent antérieurs au 22 juin 1825, ...	433,097 fr.
Dotation annuelle et fixe, ...	40,000,000 fr.
Ensemble, ...	77,503,204 fr.

seraient employés, pendant environ dix années, au *complement* de l'extinction du restant des 3 p. 100, provenant des indemnités et des conversions :

Ce qui fixe à cinquante cinq années *l'achevement* complet de la libération.

Dans le cours de ces diverses marches, j'établirai *proportionnellement* à l'importance *respective* des 3 p. 100 provenant des conversions, et des 3 p. 100 provenant des indemnités, *comparativement* aux rachats faits sur l'ensemble de ces deux *origines*, par les 77,503,204 fr. de puissance amortissante,

1°. La part *respective* de cette puissance *annuellement* et *successivement afferente* à chacune des deux *origines* des 3 p. 100, ainsi qu'aux 5 p. 100 non convertis, encore en circulation ;

2°. *L'importance* en revenu et en capital de chacune de ces trois valeurs rachetées ou restantes en circulation ;

3°. Les époques de libération partielle et générale des 5 p. 100, et des deux natures de 3 p. 100 ;

4°. *L'augmentation* des *debours annuels* des contribuables, relativement à la réduction, et au service du revenu des indemnités; augmentation de débours qui, d'après les assurances de M. le président du conseil des ministres, n'aurait pas du *exister* ;

5.° *L'importance* de la balance des *pertes* éprouvées par les contribuables, compensation faite de la diminution des débours annuels dûs à la réduction.

Ainsi se trouvera établie la *situation vraie*,
Des indemnisés,
Des rentiers,
Et des contribuables.

Chacun d'eux trouvera dans le rapprochement de cette réunion de résultats, un *bilan réel* de sa situation financière, *fondée* sur les données matérielles actuellement existantes des conceptions financières de M. le président du conseil des ministres, et sur les données des prévisions du *moniteur* à leur sujet.

Chacun d'eux pourra de même par suite *justement apprécier*, d'après ces bases;

1.° Qu'elles seront les époques de libération partielle, qu'ils devront chercher à saisir, pour diminuer les chances nombreuses de *pertes* qui pèsent sur la tête de la plupart d'entr'eux, et pour *profiter*, à l'exclusion de leurs infortunés camarades, des chances *minimes* de bénéfices dont la masse entière pourra se laisser *leurer*, mais que *peu d'élus* sera appellé à *recueillir*.

Par suite de cet examen *approfondi*, les indemnisés, *détrompés* sur les *illusions* dont on les a *bercés* pour obtenir leurs *voix*, reconnaîtront que, loin de recevoir leur capital en une *dizaine* d'années, ils ne le recevront, et encore bien *partiellement et presqu'entièrement compensé par la perte persévérante sur leurs revenus, qu'en* 55 *années*.

Les convertis, de leur côté, se convaincront que

s'ils ne *changent* pas de direction, et s'ils ne *rétrogradent* pas *promptement* dans leur marche, ils verront *disparaître* le résultat matériel de la *compensation* de leurs *sacrifices annuels*, et se trouveront dès-lors *soumis* à une progression tellement *croissante* de *détérioration*, que sa continuation *entamerait* de plus de moitié leur capital *primitif*.

Les rentiers 5 p. 100 seraient les *seuls* qui, s'étant tenus hors de la *bagarre*, en auraient été quittes pour la *peur*; ils devraient d'autant plus se *féliciter* d'un tel résultat, qu'il serait *principalement* dû à leur *résistance* à se laisser *entraîner aveuglément* dans les *pièges* qui leur étaient tendus. Cette *confiance* de leur part dans la *justice*, et dans tous les sentimens honorables, au fond *inviolables*, du public, des chambres, du dauphin, et du roi, prouvera *évidemment*, que leur cœur a sans cesse été *imbu* de ces vérités;

Tout ce qui est *mal* provient *uniquement* du ministère;

Tout ce qui est *bien* provient *uniquement* du Roi.

Charles X veut profondément et uniquement le bien; il *l'obtiendra*: toute la nation française le lui *garantit*; et il savourera de nouveau avec délices les *bénédictions générales* qu'il a si bien été à même *d'apprécier*, alors qu'il signala son avènement au trône, par l'abolition de la censure ministérielle.

BILAN GÉNÉRAL,

De l'exécution des conceptions financières de M. le président du conseil des ministres, basé sur le résultat matériel actuellement existant *de ces conceptions, et sur les* prévisions *ministérielles à ce sujet.*

Ce bilan général se divise en trois époques;

La première époque comprend les 12 années nécessaires, par suite des *prévisions* ministérielles, pour que le cours vénal des 3 pour 100, qui, chaque année, d'après ces prévisions, s'élèverait de 2 fr., *atteigne* le prix de 100 fr. pour 3 fr.

La seconde époque comprend les 33 années nécessaires pour la libération au pair des 5 pour cent non convertis.

La troisième époque comprend les dix années environ nécessaires pour *l'achèvement* de la libération des 3 p. 100, dont le rachat se sera trouvé *suspendu* pendant les 33 années de la libération *exclusive* des 5 p. 100.

Les détails d'exécution du bilan de la 1.ère année, que j'insère ici, donneront l'idée de ma marche.

Je reporterai dans un appendice les détails relatifs aux années suivantes.

Ire. ÉPOQUE.

PÉRIODE DES DOUZE ANNÉES

nécessaires, d'après les prévisions ministérielles, à l'élévation des 3 pour cent à leur pair de 100 fr. pour 5 francs.

1.ere *Année d'exécution*,

Du 22 juin 1825, au 22 juin 1826.

L'importance des rentes 5 p. 100 qui ont été *converties* en rentes 3 p. 100, s'est élevée à

30,573,794 fr.

L'importance des rentes 3 p. 100 *émises* pour subvenir aux besoins de cette conversion, s'est élevée à

24,459,035 fr.

Antérieurement au 22 juin 1825, la puissance amortissante avait déjà *retiré* de la circulation une masse de ces rentes 3 p. 100 dont *l'importance* était de . . . . 433,097 fr.

Les *diminuant* de l'émission totale de . . . . 24,459,035 fr.

Il ne *restait plus* en circulation que . . . . 24,025,938 fr.

Du 22 juin 1825 au 22 juin 1826, *l'importance* des rentes 3 p. 100, qui devront être *émises* pour subvenir au premier cinquième des indemnités, s'élevera à

6,000,000 fr.

L'importance des rentes 3 p. 100, en circulation pendant la première année d'exécution, se composera donc ainsi qu'il suit :

1.° Rentes de conversions . .	24,025,938 fr.
2.° Rentes du 1.er cinquième des indemnités	6,000,000 fr.
Ensemble . . .	30,025,938 fr.

Notre puissance amortissante qui, d'après les conceptions financières de M. le président du conseil des ministres, ne doit plus éprouver, *annuellement*, aucun changement dans son *importance*, s'éléve à

77,503,204 fr.

Proportionnellement, les portions de cette puissance, *afferantes* aux quotités *relatives* de chacune des deux *origines* de rentes 5 p. 100 en circulation, seraient ainsi qu'il suit;

Pour conversions	62,015,948 fr.
Pour indemnités.	15,487,256 fr.
Ensemble. . . .	77,503,204 fr.

D'après la proclamation des *prévisions* ministérielles, les rachats de l'amortissement s'effectueraient dans cette première année, du 22 Juin 1825 au 22 Juin 1826, au taux *moyen* de

77 fr. p. 3 fr.

D'où il résulterait;

Que les rachats en rentes 3 p. 100, faits au taux de 77 fr. p. 3 fr., avec la puissance amortissante de 77,503,204 fr., s'élèveraient à

3,019,604 fr.

Lesquels *proportionnellement*, eu égard aux quotités *respectives* des deux *origines* de rentes en circulation, et des portions de la puissance amortissante qui leur sont *afférentes*, se composeraient ainsi qu'il suit :

Rentes de conversions. . . .	2,416,204 fr.
Rentes d'indemnités.	603,400 fr.
Ensemble. . . .	3,019,604 fr.

IIe. ÉPOQUE.

PÉRIODE DES TRENTE-TROIS ANNÉES

nécessaires à la complète libération,
au pair de 100 fr pour 5 fr.
des 5 pour cent.

13.e *Année* et suivantes;

Du 22 *Juin* 1837, *au* 17 *Décembre* 1870.

A la treizième année, les 3 p. 100 des deux *origines* ayant, d'après les *prévisions* du *moniteur*, *atteint* leur pair de 100 fr. p. 3 fr., les 77,503,204 fr. de la puissance amortissante *fixe* et *annuelle*, seront *exclusivement* consacrés au rachat au pair des 5 p. 100 non convertis.

Car nous devons bien croire, sans trop *hasarder*, qu'à cette époque M. le président du conseil des ministres, *ne perdant jamais de vue l'intérêt des contribuables*, jugera devoir les *libérer enfin* de 5 fr. de rente plutôt que de 3 fr., *toutes choses égales d'ailleurs*. . .

Voici, d'après ces bases, qu'elle sera, à cette treizième année, *l'importance* des 5 p. 100 restant en circulation.

Situation rentière en 5 p. 100 ; au 22 Juin 1837.

L'émission totale est de. . .		197,480,266 f.
à déduire ,		
Rachats antérieurs au 31 Mars 1825	36,692,821 f.	
Rachats du I.er Avril au 21 Juin 1825.	377,286 f.	37,146,875 f.
Rachats du 22 Juin au 30 du même mois. . . .	76,768 f.	
Cinq pour cent restant en circulation.		160,333,391 f.
A déduire pour conversions. .		30,573,794 f.
Reste en 5 p. 100 à éteindre. .		129,759,597 f.

Le capital nominal de ces 5 p. cent, encore à *éteindre*, s'élève à

2,595,191,940 fr.

Or comme la puissance amortissante qui resterait *fixe* et *invariable* ne serait *annuellement* que de

77,503,204 fr.

Il en résulterait,

Que chaque année la puissance amortissante *retirerait* de la circulation une masse de rentes dont *l'importance* s'élèverait à

3,875,160 fr.

Et que l'*achevement* de la libération des 129,759,597 fr. de 5 p. 100 en circulation, ne pourrait avoir lieu qu'au bout de

33 années, 5 mois, 25 jours.

C'est-à-dire

Le 17 décembre 1870.

En effet, ajoutant aux douze années nécessaires, d'après les *prévisions* ministérielles, pour élever les 5 pour cent au pair, les 33 années, 5 mois, 25 jours, nécessaires pour l'achèvement de la libération des rentes 5 pour cent nous arrivons au 17 décembre 1870, et à la 46e année d'exécution de ces mêmes prévisions de M. le ministre des finances.

IIIe ÉPOQUE

PÉRIODE DES 10 ANNÉES

nécessaires à l'achèvement de la libération des 3 pour cent des deux origines, restant en circulation.

Ce serait seulement au 17 décembre 1870 qu'on pourrait *recommencer* à s'occuper de l'*achèvement* de la libération des 3 p. 100 des conversions et des indemnités restant encore en circulation.

Voici qu'elle serait à cette époque l'importance de ces deux *origines* de rentes.

SITUATION

des 3 pour cent des deux origines, *restant en circulation au* 17 *décembre* 1870.

L'émission totale des 3 p. 100 se compose ainsi qu'il suit :

Pour indemnités.	30,000,000 fr.
Pour conversions	24,459,035 fr.
Ensemble	54,459,035 fr.

L'importance des 3 p. 100 retirés de la circulation au bout des douze premières années, depuis le 22 juin 1825 jusqu'au 22 juin 1837, se composerait ainsi qu'il suit :

Provenant des conversions .	15,247,420 fr.
Provenant des indemnités. .	16,656,003 fr.
Ensemble.	31,903,423 fr.
Antérieurement au 22 juin 1825.	433,097 fr.
Total.	32,336,520 fr.
A déduire de l'ensemble des 3 p. 100 des conversions et des indemnités montant à	54,459,035 fr.
Resterait en circulation .	22,122,515 fr.

Composés ainsi qu'il suit :

Provenant des conversions . .	8,778,518 fr.
Provenant des indemnités . .	13,343,997 fr.
Ensemble	22,122,515 fr.

Cette masse de rentes, au taux nominal de 100 fr. pour 3 fr., représente un capital de

737,417,166 fr.

Or, comme la puissance amortissante qui resterait *fixe* et *invariable* ne serait *annuellement* que de

77,503,204 fr.

Il en résulterait,

1.° que chaque année la puissance amortissante *retirerait* de la circulation une masse de rentes 3 p. 100 dont l'*importance* s'élèverait à

2,325,096 fr.

Composée ainsi qu'il suit, *proportionnellement* aux quotités *respectives* en circulation,

Rentes de conversions . . .	922,619 fr.
Rentes d'indemnités . . .	1,402,477 fr.
Ensemble	2,325,096 fr.

Et provenant de *l'application respective* de la portion *afférente* de la puissance amortissante, savoir,

Aux conversions . . .	30,753,967 fr.
Aux indemnités . . .	46,749,237 fr.
Ensemble . . .	77,503,204 fr.

2°. Que la libération des 757,417,166 fr. restant dûs pour les 3 p. 100 encore en circulation ne pourrait avoir lieu qu'au bout de

9 années, 6 mois, 5 jours.

C'est-à-dire

le 22 juin 1880.

RÉSUMÉ,

Durée totale

de la libération,

Epoque du commencement de la libération	22 juin 1825
Epoque de la fin de la libération	22 juin 1880.
Durée totale de la libération . .	55 années.

PRÉVISIONS MINISTÉRIELLES.

PREMIER TABLEAU.

EMPLOI ANNUEL,
par application *relative* et *proportionnelle aux rachats des 3 pour cent provenant des conversions et des indemnités*,
des 77,503,204 francs
de la puissance amortissante.

Années. (1).	Application, par année, aux rachats des 3 pour cent des conversions.	3 pour cent des indemnités.
	fr.	fr.
1825 - 1826. . .	62,015,948.	15,487,256
1826 - 1827. . .	50,742,504.	26,760,700
1827 - 1828. . .	42,300,368.	35,202,836
1828 - 1829. . .	35,824,503.	41,678,701
1829 - 1830. . .	30,753,966.	46,749,238
1830 - 1831. . .	30,753,966.	46,749,238
1831 - 1832. . .	30,753,966.	46,749,238
1832 - 1833. . .	30,753,966.	46,749,238
1833 - 1834. . .	30,753,966.	46,749,238
1834 - 1835. . .	30,753,966.	46,749,238
1835 - 1836. . .	30,753,966.	46,749,238
1836 - 1837. . .	30,753,966.	46,749,238
Du 17 Décembre 1870 au 22 juin 1880,		
Chaque année .	30,753,966.	46,749,238

(1) Pour l'exécution de la loi, chaque année commencerait le 22 juin de l'année précédente.

PRÉVISIONS MINISTÉRIELLES.

IIe TABLEAU.

Extinctions *annuelles* et *comparées* des *rentes*
5 pour cent des conversions,
3 pour cent des indemnités.

ANNÉES. (1)	Extinctions, par année, des 5 pour cent des conversions.	Extinctions, par année, des 3 pour cent des indemnités.
	fr.	fr.
1825 - 1826.	2,416,204.	603,400
1826 - 1827.	1,926,932.	1,016,231
1827 - 1828.	1,566,670.	1,303,829
1828 - 1629.	1,294,861.	1,506,461
1829 - 1830.	1,085,430.	1,649,976
1830 - 1831.	1,060,480.	1,612,051
1831 - 1832.	1,036,650.	1,575,820
1832 - 1833.	1,013,867.	1,541,427
1833 - 1834.	992,063.	1,508,036
1834 - 1835.	971,173.	1,476,287
1835 - 1836.	931,132.	1,445,848
1836 - 1837.	931,738.	1.416,646
Du 17 Décembre 1870 au 22 juin 1880.		
Chaque année	922,619.	1,402,477

(1) Pour l'exécution de la loi, chaque année commencerait le 22 juin de l'année précédente.

PRÉVISIONS MINISTÉRIELLES.

IIIe TABLEAU.

EXTINCTIONS ANNUELLES ET COMPARÉES

des capitaux nominaux des 3 pour cent des conversions et des 3 pour cent des indemnités.

ANNÉES. (1)	Extinction, par année, des capitaux nominaux des 3 pour cent des conversions.	Extinction, par année, des capitaux nominaux des 3 pour cent de l'indemnité.
	fr.	fr.
1825 - 1826. . .	80,540,133.	. 20,113,333
1826 - 1827. . .	64,231,066.	. 33,874,333
1827 - 1828. . .	52,222,333.	. 43,460,666
1828 - 1829. . .	43,162,033.	. 50,215,366
1829 - 1830. . .	36,181,000.	. . 54,999,201
1830 - 1831. . .	35,349,333.	. 53,735,033
1831 - 1832. . .	34,555,000.	. 52,527,333
1832 - 1833. . .	33,795,566.	. 51,380,900
1833 - 1834. . .	33,068,766.	.. 50,267,866
1834 - 1835. . .	32,372,433.	. 49,209,566
1835 - 1836. . .	31,705,066.	. 48,194,933
1836 - 1837. . .	31,064,600.	. 47,221,533
Du 22 juin 1870 au 22 juin 1880, Chaque année,	30,753,633.	. 46,749,233.

(1) Pour l'exécution de la loi, chaque année commencerait le 22 juin de l'année précédente.

PRÉVISIONS MINISTÉRIELLES.

IVe TABLEAU.

RACHATS ANNUELS

de l'ensemble des rentes 5 pour cent des conversions et des indemnités; et extinctions relatives de leur capitaux nominaux.

ANNÉES. (1)	Rachat des rentes.	Extinction des capitaux nominaux.
	fr.	fr
1825 - 1826.	3,019,604.	100,653,466
1826 - 1827.	2,943,163.	98,105,433
1827 - 1828.	2,870,490.	95,683,000
1828 - 1829.	2,801,322.	93,377,399
1829 - 1830.	2,735,409.	91,180,300
1830 - 1831.	2,672,531.	89,084,366
1831 - 1832.	2,612,470.	87,082,333
1832 - 1833.	2,555,294.	85,176,466
1833 - 1834.	2,500,101.	83,336,700
1834 - 1835.	2,447,460.	81,582,000
1835 - 1836.	2,397,000.	79,899,999
1836 - 1837.	2,348,584.	78,286,133
Du 17 déc. 1870 au 22 juin 1880,		
Chaque année.	2,325,096.	77,503,204

(1) Pour l'exécution de la loi, chaque année commencerait le 22 juin de l'année précédente.

PRÉVISIONS MINISTÉRIELLES.

Vᵉ TABLEAU.

ÉTAT COMPARATIF

des rentes 3 pour cent
des conversions et des indemnités,
restant chaque année en circulation,
après les rachats.

ANNÉES. (1)	3 pour cent des conversions.	3 pour cent de l'indemnité.
	fr.	fr.
1825 - 1826. . .	24,025,938. .	6,000,000
1826 - 1827. . .	21,609,744. .	11,396,600
1827 - 1828. . .	19,682,802. .	16,380,369
1828 - 1829. . .	18,116,132. .	21,076,549
1829 - 1830. . .	16,821,271. .	25,570,088
1830 - 1831. . .	15,735,841. .	23,920,112
1831 - 1832. . .	14,675,361. .	22,308,061
1832 - 1833. . .	13,638,711. .	20,732,241
1833 - 1834. . .	12,624,844. .	19,190,814
1834 - 1835. . .	11,632,781. .	17,682,778

(1) Pour l'exécution de la loi, chaque année commencerait le 22 juin de l'année précédente.

ANNÉES.	5 pour cent des conversions.	3 pour cent. de l'Indemnité.
	fr.	fr.
1835 - 1836. . .	10,661,608. .	16,206,491
1836 - 1837. . .	9,710,456. .	14,760,643
1837 - 1838. . .	8,778,518. .	13,343,997
Du 22 juin 1838 au 22 juin 1870,		
Chaque année	8,778,518. .	13,343,997
Du 22 juin 1870 au 17 décembre 1870.		
Pour six mois. .	4,389,260. .	6,671,990
1871. . .	8,778,518. .	13,343,997
1872. . .	7,855,899. .	11,941,520
1873. . .	6,933,280. .	10,539,043
1874. . .	6,010,661. .	9,136,566
1875. . .	5,088,042. .	7,734,089
1876. . .	4,165,423. .	6,331,612
1877. . .	3,242,304. .	4,929,135
1878. . .	2,320,185. .	2,526,658
1879. . .	1,397,566. .	2,124,181
Du 17 décembre 1879 au 22 juin 1880.		
Pour six mois. .	474,947. .	721,704

PRÉVISIONS MINISTÉRIELLES.

VIIe TABLEAU.

ÉTAT COMPARATIF

des capitaux nominaux
des rentes 3 pour cent, provenantes
des conversions et des indemnités,
dont, chaque année, après les rachats,
l'Etat restera *grèvé*.

ANNÉES. (1)	3 pour cent des conversions.	3 pour cent des indemnités.
	fr.	fr.
1825 - 1826. . .	800,864,600. .	200,000,000
1826 - 1827. . .	720,324,466. .	379,886,666
1827 - 1828. . .	636,090,140. .	546,012,300
1828 - 1829. . .	603,537,733. .	702,551,633
1829 - 1830. . .	560,709,033. .	852,336,266
1830 - 1831. . .	524,528,033. .	797,337,066
1831 - 1832. . .	509,178,700. .	743,602,033
1832 - 1833. . .	454,623,700. .	691,074,700
1833 - 1834. . .	420,828,133. .	639,693,800

(1) Pour l'exécution de la loi, chaque année commencerait le 22 juin de l'année précédente.

ANNÉES.	3 pour cent des conversions.	3 pour cent des indemnités.
	fr.	fr.
1834 - 1835. . .	387,759,366. .	589,425,933
1835 - 1836. . .	355,386,933. .	540,216,366
1836 - 1837. . .	323,681,866. .	492,021,433
1837 - 1838. . .	292,617,266. .	444,799,900
Du 22 juin 1838 au 22 juin 1870,		
Chaque année	292,617,266. .	444,799,900
Du 22 juin 1870 au 17 décembre 1870,		
Ponr six mois.	146,308,000. .	222,899,666
1871. . .	292,617,266. .	444,799,900
1872. . .	261,896,633. .	398,050,666
1873. . .	231,109,533. .	351,301,433
1874. . .	200,353,333. .	304,552,200
1875. . .	169,968,066. .	257,802,933
1876. . .	135,514,100. .	211,053,400
1877. . .	108,093,466. .	164,304,500
1878. . .	77,339,833. .	84.221,000
1879. . .	46,585,553. .	70,806,033
Du 17 décembre 1879 au 22 juin 1880,		
Pour six mois.	15,831,566. .	24,056,800

PRÉVISIONS MINISTÉRIELLES.

VIIe TABLEAU.

ENSEMBLE
des rentes 3 pour cent
provenantes des conversions et des indemnités
restant en circulation après les rachats,
et
des capitaux nominaux de ces rentes,
dont l'état restera *grévé*.

ANNÉES. (1)	3 pour cent des deux *origines*, restant en circulation.	Capitaux nominaux des 3 pour cent, des deux *origines*, dont l'Etat restera *grevé*.
	fr.	fr.
1825 - 1826.	30,023,938.	1,000,864,600
1826 - 1827.	33,006,534.	1,100,211,133
1827 - 1828.	36,063,171.	1,202,105,700
1828 - 1829.	39,192,681.	1,306,422,700
1829 - 1830.	42,391,359.	1,413,045,300
1830 - 1831.	39,655,953.	1,321,865,100

(1) Pour l'exécution de la loi, chaque année commencerait le 22 juin de l'année précédente.

ANNÉES.	5 pour cent des deux *origines*, restant en circulation.	Capitaux nominaux des 5 pour cent, des deux *origines*, dont l'Etat restera *grévé*.
	fr.	fr.
1831 – 1832. . .	36,983,422. .	1,232,782,733
1832 – 1833. . .	34,370,952. .	1,145,698,400
1833 – 1834. . .	31,815,658. .	1,060,521,000
1834 – 1835. . .	29,315,559. .	977,185,300
1835 – 1836. . .	26,868,099. .	895,603,300
1836 – 1837. . .	24,471,099. .	815,703,300
1837 – 1838. . .	22,122,515. .	737,417,166
Du 22 juin 1838 au 22 juin 1870,		
Chaque année	22,122,515. .	737,417,166
Du 22 juin 1870 au 17 décembre 1870,		
Pour six mois. .	11,061,000 .	36,870,800
1871. . .	22,122,515. .	737,417,166
1872. . .	19,797,419. .	659,913,966
1873. . .	17,472,323. .	582,410,433
1874. . .	15,147,227. .	504,907,566
1875. . .	12,822,131. .	427,406,366
1876. . .	10,497,035. .	349,901,166
1877. . .	8,171,939. .	272,397,966
1878. . .	4,846,843. .	161,561,433
1879. . .	3,521,747. .	117,391,566
Du 17 décembre 1879 au 22 juin 1880.		
Pour six mois. .	1,196,651. . .	36,555,033

PRÉVISIONS MINISTÉRIELLES.

VIIIe TABLEAU.

Ensemble des rentes 5 pour cent, restant, chaque année, en circulation, après rachats, et des capitaux nominaux de ces rentes, dont l'État restera *grévé*.

ANNÉES. (1).	Rentes 5 pour cent.	Capitaux nominaux.
	fr.	fr.
1837 - 1838. .	129,759,597. .	2,595,191,940
1838 - 1839. .	125,884,437. .	2,517,688,756
1839 - 1840. .	122,009,277. .	2,440,185,532
1840 - 1841. .	118,134,117. .	2,362,682,340
1841 - 1842. .	114,258,957. .	2,285,179,140
1842 - 1843. .	110,383,797. .	2,207,675,940
1843 - 1844. .	106,508,637. .	2,130,172,740
1844 - 1845. .	102,633,477. .	2,052,669,540

(1) Pour l'exécution de la loi, chaque année commencerait le 22 juin de l'année précédente.

ANNÉES.	Rentes 5 pour cent.	Capitaux nominaux.
	fr.	fr.
1845 - 1846.	98,758,317.	1,975,166,340
1846 - 1847.	94,883,157.	1,897,663,140
1847 - 1848.	91,007,997.	1,820,159,940
1848 - 1849.	87,132,837.	1,742,656,740
1849 - 1850.	65,277,677.	1,665,553,540
1850 - 1851.	79,402,517.	1,588,050,340
1851 - 1852.	75,527,357.	1,510,547,140
1852 - 1853.	71,652,197.	1,433,043,940
1853 - 1854.	67,777,037.	1,355,540,740
1854 - 1855.	63,902,877.	1,278,057,540
1855 - 1856.	60,025,717.	1,200,514,340
1856 - 1857.	56,150,557.	1,123,011,140
1857 - 1858.	52,275,397.	1,045,507,940
1858 - 1859.	48,400,237.	968,004,740
1859 - 1860.	44,525,077.	890,501,540
1860 - 1861.	40,649,917.	812,998,340
1861 - 1862.	36,774,757.	735,495,140
1862 - 1863.	32,899,597.	657,991,940
1863 - 1864.	29,024,437.	580,488,740
1864 - 1865.	25,149,277.	502,985,540
1865 - 1866.	21,274,117.	425,482,340
1866 - 1867.	17,398,957.	347,979,140
1867 - 1868.	13,523,797.	270,475,940
1868 - 1869.	9,688.537.	193,970,740
1869 - 1870.	5,773,477.	115,469,540
6 ders. mois de 1870.	1,898,317.	37,966,340

DE LA CONVERSION

Des rentes 5 pour cent en rentes 3 pour cent,

dans ses rapports avec

les contribuables, les indemnisés et les rentiers,

en ce qui concerne

les détériorations apportées dans leur position

*par l'*annihilation *des rachats.*

Une libération qui procède par des rachats et leur annihilation présuppose une adoption *primitive* d'un mode d'*amortissement.*

Il nous importe donc, pour bien *apprécier* notre annihilation, en ce qui concerne *l'ensemble* des *contribuables*, des *indemnisés* et des *rentiers*, d'*approfondir* dans leur généralité, et dans leur application à notre espèce, les *bases* et les *conséquences* du mode de libération par amortissement.

§. PREMIER.

DES RAPPORTS

à établir généralement, et particulièrement dans notre espèce, entre le capital nominal d'une dette constituée en rentes, et l'importance de la puissance amortissante qui doit éteindre ce capital.

Toutes les chances *de pertes* d'un mode de libération par *amortissement* devant, au moins *politiquement*, être à la charge des gouvernemens emprunteurs ceux-ci ne peuvent *raisonnablement* lui donner la *préférence* que dans *l'impossibilité* de mieux faire : je l'ai dit et matériellement *prouvé* à diverses reprises.

Jusqu'ici les opinions ont varié, et il n'existe pas encore de principe *fixe*, relativement au rapport qu'on doit établir entre le capital nominal d'une dette constituée en rentes et la somme à consacrer *annuellement* à l'amortissement de cette dette.

Assez généralement la puissance amortissante est, au moment d'un emprunt, fixée à un p. 100 du capital nominal de l'emprunt; par exemple, si ce capital nominal est de 100 millions, la puissance amortissante est assez généralement fixée à un million.

Une fois ce rapport établi, l'emprunteur et le prêteur peuvent, au moins *aproximativement*, se faire une idée de *l'époque* de l'achèvement de la libération.

D'une part, avec une puissance amortissante égale à un p. 100 du capital nominal d'un emprunt fait à l'intérêt de 5 p. 100; d'autre part, avec rachat au pair, c'est à dire à 100 fr. pour 5 fr. de ce capital nominal, que je suppose de 100 millions, la *durée* de l'achevement de la libération serait de

33 années, 10 mois, 24 jours.

Si le rachat se faisait *à un* cours *au-dessous* du pair, la durée serait *moindre;* et de même cette durée serait *plus considérable*, si le rachat avait lieu à un cours *supérieur* au pair.

Mais si, en supposant d'ailleurs les mêmes bâses, on *annihilait* les rachats *annuels*, la *durée* de la libération serait presque *triplée;* elle serait de

100 années.

Les altérations, en *sens inverse*, que ces différences d'époques de libération apportent dans la position des emprunteurs et des prêteurs nécessitent donc, d'une manière absolue, *fixité* dans les bâses de l'amortissement.

Relativement à *l'exigence* de cette fixité, il s'en faut de beaucoup que M. le président du conseil des ministres ait été exempt *d'oscillations.*

Trop souvent il a mis à ce sujet ses paroles en *opposition* avec ses actions.

En définitive ses résultats ont été totalement *contraires* à ses assertions.

En 1824, lors de la présentation de ses premières conceptions de conversion, il disait :

« Dépouiller l'amortissement, ce serait violer » les engagemens pris..... En suspendre l'action, » ce serait jetter le désordre dans le système, et » faire de l'amortissement un moyen d'agiotage » et de spéculation.

» La spoliation de la caisse d'amortissement, » qui serait un *manque de foi aux engagemens pris*, » affecterait tout aussitôt les capitaux des rentiers » et le *crédit de l'etat*.....

» *Touchez à l'amortissement*, et vous saurez à » quel prix vous pourrez *réaliser plus tard les* » *emprunts que vous aurez à faire.* »

A ces mêmes époques, M. le président du conseil des ministres, qui alors combattait quelques demandes de diminution de l'amortissement, assurait, comme appui de son opposition, que

« Nul ne pourrait dire ou conduirait une mesure
» aussi *hasardeuse* que la *réduction de l'amortisse-*
» *ment* et la *suspension des rachats* de la dette. »

Qu'est ce donc que l'annihilation ? Si ce n'est une *réduction de l'amortissement*, une *suspension*, au moins *partielle, du rachat de la dette.*

Cette *versatilité* entre ces principes qui signalent les dangers de l'annihilation et la proposition de cette annihilation semblerait donc *prouver* que M. le président du conseil des ministres n'aurait pas encore *suffisament réfléchi* sur ces matières importantes, où au moins aurait mis plus que de la *légéreté* dans ses *déterminations*; conduite d'autant plus inexcusable que la différence d'époque relativement à l'achévement de la libération qui résulte du mode d'amortissement *avec* ou *sans* annihilation des rachats annuels doit nécessairement amener d'immenses changemens dans les *combinaisons*, *directes ou indirectes*, *intéressees* ou de *conséquences*, des deux parties contractantes.

En effet si le taux de l'intérêt de l'emprunt est *supérieur* au taux de l'intérêt *légal*, le préteur trouve de l'avantage à *réculer* autant que possible l'époque de la libération ; tandis que l'emprunteur trouve de l'avantage à *rapprocher* cette époque.

La direction mutuelle marche en *sens opposé* lorsque l'emprunt est fait à un taux d'intérêt *inferieur* au taux de l'intérêt *legal*.

D'où il résulte que *l'importance* de la puissance amortissante une fois *établie* doit justement et raisonnablement rester *fixe* et *immuable* dans la *base*, dans la *direction*, et dans la *progression croissante* de son *action*.

Et si jamais aucune circonstance pouvait à ce sujet exiger quelques *modifications* il n'y en aurait de *loyalement* possibles qu'autant qu'elles seraient revêtues de l'approbation *réciproque* des parties contractantes :

Car autrement il y aurait *arbitraire* d'un côté et *lésion* de l'autre.

Dans ce cas le prêteur *lésé* pourrait dire à *l'emprunteur* ;

En diminuant la puissance amortissante qui m'était acquise vous *diminuez* nécessairement la valeur de mon titre, pour lequel j'encaisserais dès lors, en le vendant, une *moindre* somme.

Cette lésion, vous n'aviez pas le droit de me la faire supporter.

Remboursez-moi, si vous en avez la *possibilité*, puisque, quoique dénué d'aucun appui *réel* puisé dans le *texte* du contrat, vous soutenez, de votre seule *autorité*, en avoir le *droit*; mais n'altérez pas au moins dans leur *importance* les moyens de libération sous la foi desquels, et de leur *maintien*, nous avons *traité*.

Légalement et *loyalement*, vous ne pourriez *altérer* cette *importance* qu'en m'offrant mon remboursement.

En effet, lorsqu'on a eu recours aux emprunts, pour satisfaire *d'énormes* engagements, dont le *défaut d'acquittement* pouvait remettre tout en question, on a bien senti qu'il fallait que notre puissance amortissante fut assez imposante pour *attirer* tous les genres de préteurs, d'abord les *préteurs intermédiaires* et à *spéculation*, puis les *préteurs secondaires* et à *placement.*

Postérieurement à cette *fixation* de puissance amortissante avait-on *légalement, justement* et *loyalement* le droit d'étendre son action *au delà* de la première émission et de la *disséminer* sur d'autres émissions *successives* pour ainsi dire *illimitées ?* Je ne le pense pas.

Mais quoiqu'il en puisse être de l'existence ou de la non-existence de ce droit on en a *usé*, même bien *amplement*, en émettant, sans *nouvelle création* de puissance amortissante, jusques à 200 millions de rentes.

Dans cette position, les 40 millions de la puissance amortissante ne formaient réellement que un p. 100 de leur capital nominal.

Sous cet aspect on aurait suivi le rapport assez généralement adopté, même par les gouvernements qui empruntent avec le moins de difficultés.

Dans tous les cas, avec intention de changer le rapport, on ne l'aurait dû, même *contradictoirement*, qu'en se replaçant au moment *de l'engage-*

ment, et non au moment *d'une aisance que le contrat a procurée*.

Autrement ce serait étrangement *abuser* des avantages acquis par les effets du contrat.

Dès-lors comment concevoir que des personnes de *bonne foi*, et à intentions *pures*, aient pu *s'égarer* dans la solution d'une semblable question ?

C'est, uniquement, parce qu'elles ont *déplacé* l'époque où elle doit, *exclusivement*, être *posée*.

En effet il ne faut jamais perdre de vue que, par le *fait* de l'amortissement,

La puissance amortissante suit, *annuellement*, une progression croissante,

Tandis que l'importance de *la matière amortissable* suit, *annuellement*, une progression décroissante;

De telle sorte que le rapport *numérique* entre ces deux éléments doit *continuellement varier*, et *successivement* présenter de l'avantage dans le rapport *prépondérant* de la puissance amortissante.

C'est ainsi que, en partant toujours des bases ci-dessus, qui *fixent* la puissance amortissante à un p. 100 du capital nominal des rentes en circulation, on trouve que,

Dès la 10e année, la puissance amortissante serait de 2 1/2 p. 100, environ, du capital nominal des rentes restantes en circulation;

A la 20e année, la puissance amortissante serait de 5 1/2 pour 100 du capital nominal des rentes restantes en circulation ;

A la 30e année, la puissance amortissante serait de près de 27 p. 100 du capital nominal des rentes restantes en circulation ;

A la 32e année, la puissance amortissante serait de plus de 65 p.% 100 du capital nominal des rentes restantes en circulation ;

Enfin, à la 33e et dernière année, la puissance amortissante serait de 100 pour 100 du capital nominal des rentes restantes en circulation.

On conçoit dès-lors qu'à quelqu'époque *intermédiaire* qu'on s'arrête la puissance amortissante *dépasserait* toujours le un pour cent *primitivement* établi et qu'ainsi il n'existerait pas une seule année où l'on ne pût dire, parce que c'est une conséquence *nécessaire* de la nature de l'objet, que la puissance amortissante *est exorbitante comparativement au capital amortissable.*

Il est donc *incontestable*, ainsi que je n'ai cessé de le répéter, que la puissance amortissante qui n'existait réellement que dans une proportion presque généralement admise n'aurait pas dû, ni *loyalement*, ni *convenablement*, dans *l'intérêt* même *bien entendu* des contribuables et de l'état, être *diminuée*, soit *directement*, soit par *nouvelle* et *distincte application*, soit par des *annihilations*.

C'est le seul point sur lequel l'opinion de quelques *autorités*, que je *respecte* sous tous les rapports, n'a pas *complettement concordé* avec les *miennes*.

La *ténacité* de mon opinion sur cette proposition a été le fruit de ma *conviction intime* et du résultat pour moi *invariable* de ce précepte :

Amicus plato; magis amica veritas.

§. IIe

De l'annihilation des rachats annuels des rentes, considérée sous son aspect de généralité, et sous celui de son application à notre espèce.

Un débiteur qui, ayant consacré une partie de son revenu à sa libération, jouit néanmoins de la possibilité *facultative* de *détourner* cette portion de revenu pour en faire un *autre emploi*, ne doit *user* de cette faculté que dans ces *trois* circonstances;

Si le taux d'intérêt du nouvel emploi *dépasse* ou au moins *égale* l'intérêt de la dette dont la nouvelle direction *ajourne* la libération;

Si le capital de la dette ne doit pas se trouver *augmenté* dans son importance par le *reculement* de l'achèvement de la libération;

Enfin si la dette, par la *privation* du fonds annuellement croissant qui avait été originairement constitué pour son extinction, n'est pas, jusques à la libération, un obstacle, soit *direct*, soit *indirect*, à l'existence, ou même à *l'amélioration*, des secours qui dans l'*avenir* pourraient lui devenir *nécessaires*.

En principe général, lorsqu'une dette est contractée à un capital nominal supérieur au taux de la négociation, et lorsque le débiteur à le *sentiment* que le taux vénal suivra successivement dans son élévation une progression *croissante*, le débiteur a intérêt à *se libérer* le plus promptement possible, afin de *diminuer* d'autant le *désavantage* résultant pour lui de la progression *croissante* du taux vénal du capital remboursable.

Et de même lorsque le taux de l'intérêt *légal*, ou celui de l'intérêt *conventionnel déduit de l'ensemble des négociations*, sont *au-dessous* de l'intérêt de la dette des contribuables, ceux-ci, et par suite le gouvernement, ont intérêt à *rembourser* cette dette le plus promptement possible, par ce que cette libération doit leur procurer une *augmentation de revenu*;

Lorsqu'au *contraire* le taux de l'intérêt *légal*, ou le taux de l'intérêt *conventionnel* sont *au-dessus* de l'intérêt d'une dette à la charge des contribuables, ceux-ci, et par suite le gouvernement, n'ont pas intérêt a *rapprocher* leur libération, et doivent *au contraire*, autant que possible, en *reculer* l'époque.

En effet, pour un débiteur solvable, *l'avantage* ou le *désavantage* d'une libération, plus ou moins retardée, dépend de la *comparaison* de l'intérêt qu'il payerait pour *atermoyer* sa libération, avec l'intérêt que lui procurerait l'argent qu'il *réserverait* en le *detournant* de son emploi de libération.

Or, s'il était vrai que le taux de l'intérêt *conventionnel* fût à 4 p. 100, ainsi que, contrairement aux faits, l'a assuré le ministère, en *annihilant annuellement* les rentes rachetées, on *léserait* les contribuables, au lieu de les *soulager*, puisqu'on substituerait, relativement à leur actif, un emploi à 4 p. 100, à un emploi à 5 pour 100 que leur procurerait l'amortissement.

Et si, *au contraire*, l'intérêt *conventionnel* est réellement, comme les faits le constatent avec *évidence*, *au-dessus* du taux *légal*, ou au moins *égal* à ce taux, les motifs d'instance présentés aux rentiers par M. le président du conseil des ministres, pour les *engager* à *convertir*, n'auraient été de sa part qu'un *piège*, INDIGNE de la *loyauté* d'une administration *française*.

Comment donc concevoir que, sous ce double rapport, M. le président du conseil des ministres ait eu assez de *présomption* pour se déterminer à présenter à la première nation du globe un plan dont les élémens se *contredisent mutuellement*?

Car ce dilemme est *absolu* :

Si l'intérêt *conventionnel* est *au-dessous* de l'intérêt *légal*, il y aurait, par l'annihilation, *perte* pour les contribuables et pour l'état;

Dans le cas contraire, on aurait *usé* de *déception* envers les rentiers.

Sous ces divers aspects, il aurait été *désirable* qu'avant de nous *imposer* ses conceptions financières M. le président du conseil des ministres eût au moins *murement* réfléchi sur les circonstances qui rendent soit *avantageux* soit *désavantageux* pour les contribuables et pour l'état les résultats pécuniaires des *annihilations* et des *conversions*, déduits de *bâses* semblables à celles qu'il a adoptées.

Ce *qu'il aurait dû faire*, ce *qu'il n'a pas fait*, ou ce dont *il n'a pas jugé convenable de nous faire part*, nous devons le *tenter*, et nous nous *flattons* de pouvoir *utilement* le faire, non dans l'intérêt de ses conceptions et dans sa *convenance*, mais dans *l'intérêt* et dans la *convenance* des contribuables, des indemnisés, des rentiers, et de l'état.

En définitive, dans notre espèce, il s'en faudrait de beaucoup que *l'annihilation* des rachats *annuels*, qui a été une des *bâses*, à la vérité née du besoin *accessoire* de *fasciner* les yeux des contribuables, des conceptions financières de M. le président du conseil des ministres, eût été *opportune*.

Non-seulement cette annihilation, dans son application à notre espèce, a tous les genres d'inconvéniens que nous venons de signaler, mais elle a en outre, par le fait du *reculement* de la complette libération, l'inconvénient très-grave de ne plus offrir aux besoins *à venir* qu'une puissance amortissante *insuffisante* pour *attirer* de nouveaux prêteurs, ce qui forcerait nécessairement à *revenir promptement* sur la mesure de l'annihilation, en *rechargeant amplement* les contribuables, et en leur faisant payer à *triple usure* les faibles soulagemens qu'on aurait *faussement* prétendu leur accorder.

Sous ce rapport, leurs *sacrifices* seraient du genre de ceux qu'on fait trop souvent supporter aux personnes *prodigues* auxquelles les prêteurs à *grosses avantures* font payer a *bien gros intérêts* la *fiction* de leurs jouissances.

La vérité est que, dans la position de *fait* de notre conversion, les inconvéniens graves du plan ministériel *dependront*, en grande partie, de l'annihilation qui *doublera*, sans avantage pour les contribuables, même avec des désavantages matériels et de conséquences, la *durée* de leur libération.

En effet nous avons *prouvé* que, d'après les *prévisions* ministérielles, la *durée* de notre libération, basée sur les conceptions financières de M. le président du conseil des ministres, serait de

55 années.

Les deux motifs d'influence de cette *énorme durée* d'amortissement sont, d'une part les *prévisions ministérielles*, et de l'autre le *fait* de *l'annihilation*, bâse du plan de notre conversion.

Séparons les résultats de ces deux motifs d'influence.

D'après les prévisions ministérielles, le cours vénal des 3 p. cent augmenterait chaque année de deux francs.

D'abord, en admettant que, contrairement à ces prévisions, il n'existât aucune augmentation dans le cours vénal des 3 pour cent, et que le rachat s'en fît au taux d'émission de 75 fr. pour 3 fr.,

Qu'en conséquence les convertis n'obtinssent aucune *augmentation* de capital, et eussent à supporter en *pure perte*, et sans *compensation*, la diminution du cinquième de leur revenu,

Et qu'enfin le capital d'un millard dû aux indemnisés se trouvât *réduit* par les rachats à 750 millions,

Dans ces positions, qui écartent toutes les prévisions ministérielles, la durée de l'amortissement serait encore, par le seul fait de l'annihilation des rachats annuels, de

51 années.

On peut donc dire que l'élément des *prévisions ministérielles*, *n'augmente* la *durée* de l'amortissement que de quatre années.

Et comme *sans annihilation*, en laissant tout dans l'état ou nous nous trouvions avant *conversion*, *en acquittant intégralement aux indemnisés leur capital d'un milliard, et en rachetant au pair nos 3 et nos 5 pour cent*, notre *durée* d'amortissement n'eût été que de 26 années, on peut dire que le seul fait de l'annihilation a *doublé* la durée de l'amortissement et la *prolongée* de près de 30 années.

Dans notre position, à l'aspect de *l'horison politique du globe*, ce mal est d'autant plus *incalculable* qu'il devra, si l'on n'y *remédiait promptement*, *anéantir* toutes nos ressources et nous mettre *finalement* dans un état financier *déplorable*.

Pour l'instant, *l'annihilation*, et conséquemment la *diminution de la puissance amortissante*, est d'ailleurs d'autant plus *intempestive*,

Que nos rentes en circulation *excédent* la mesure des placemens pour les fonds qui peuvent y prendre emploi ;

Qu'une très-forte partie de ces rentes *flotte* encore ;

Que dès lors l'heureux moment ou *l'équilibre* bien *desirable entre* la somme des rentes et celle des capitaux qui s'y portent pourra *s'établir* est presqu'*indéfiniment ajourné* par le fait de l'annihilation ;

Qu'enfin, on s'enlève, par cela même, la possibilité de *tenter utilement* et *efficacement* de *nouveaux* emprunts pour subvenir aux *nouveaux* besoins, soit *réels* soit de *relation*, que la masse, maintenant bien *obscurcie*, des événements *politiques*, *présents* et *futurs*, pourraient *nécessiter*.

L'annihilation aurait dû sur-tout être repoussée par un ministère qui, *prévoyant et annonçant* la possibilité de *nouveaux* besoins, aurait été assez conséquent dans ses idées, pour *apprécier* qu'en suivant la marche qu'il se *traçait*, ces nouveaux secours ne pourraient jamais *s'obtenir*,

Qu'en rétablissant la puissance amortissante dans son importance *primitive* ;

Qu'en lui rendant tout ce qui lui aurait été *enlevé*;

Et qu'en y *ajoutant* même bien *au-delà* ;

Dernière circonstance qui n'aurait pas *existé* si, repoussant cette si *malencontreuse* innovation, on eût tout laissé dans le même état.

Dans de telles positions, on est en général moins *sensible* au *bien* que l'on reçoit qu'on ne l'est au *retirement*, même fondé en *droit*, de ce bien.

Au fond, comment les conséquences de cet aspect pourraient-elles ne pas nous *troubler*, lorsqu'il n'est que trop évident que le *bien* annoncé avec tant *d'emphase* n'est qu'une *fiction*.

En effet, celui qui doit un capital et un revenu, paie *plus longtemps* ce revenu, en *éloignant* la libération du capital; il existe dès-lors balance pour lui entre les deux marches, sur-tout lorsqu'il y a *également* balance entre le taux de l'intérêt de sa dette et le taux de l'intérêt légal qui *régit* ses jouissances de capitaux.

Telle serait pour l'instant, sur-tout en raison de la grande masse *relative* des 5 pour cent, la position *vraie* des contribuables.

En définitive, tous nos maux, *présens* et à venir, proviendront, cela *malheureusement* n'est que trop *évident*, du cercle *vicieux* dans lequel M. le président du conseil des ministres a placé ses *malheureuses* conceptions.

Son *idée mère* était la *conversion*; il voulait *l'assurer*.

Pour *accaparer* le suffrage des indemnisés, *tout en ne voulant pas l'exécution des indemnités*, il a *aggloméré* le système de conversion avec le système des indemnités.

Pour *accaparer* le suffrage des contribuables, il leur a présenté deux genres *d'appats*, le soulagement par *réduction*, le soulagement par *annihilation*.

Pour *accaparer* les rentiers, il leur a présenté *l'appat de l'augmentation* du capital nominal.

Au fond, tous ces appats n'étaient que de véritables *piéges*.

Le *masque* devait tomber aussitôt que le désir qui y avait donné naissance se trouvait satisfait.

A ce moment la bulle de savon devait *s'annihiler.*

Aussi dans l'exécution tout le monde a été *trompé* et *sacrifié;*

Les indemnisés *triplement;*

Les contribuables *doublement;*

Les convertis *à l'infini.*

Et dans tout cela, *l'état, que deviendra-t-il?*

Attendez encore quelque temps, et si la *bonne étoile* de la France ne met pas enfin, au moins par des *modifications salutaires* et *préservatives*, un terme à *l'enchantement inconcevable* qui nous PÉTRIFIE, vous reconnaîtrez, avec une *sensation trop poignante*, quel sera le *rembrunissement* de cette solution.

« Malheureuse fatalité, faudra-t-il donc tou-
» jours que de *l'existence* et de *l'ambition* de
» quelques hommes dépende l'éventualité du
» *repos*, de la *prospérité* et du *bonheur* d'une
» nation entière! »

LAPS

DE TEMPS

qu'aurait duré notre libération rentière,

soit AVEC, *soit* SANS *l'indemnité,*

si la conversion n'eût pas eu lieu.

L'émission de nos rentes, 5 pour cent, s'est élevée à 197,480,266 fr.

Au 22 juin 1825, les rachats s'élevaient à	37,503,204 fr.
Il restait donc en rentes à éteindre	159,977,062 fr.

A la même époque du 22 juin 1825, notre puissance amortissante se composait, *annuellement*, ainsi qu'il suit :

Arrérages des rentes rachetées	37,503,204 fr.
Dotation fixe	40,000,000 fr.
Ensemble	77,503,204 fr.

En employant des calculs convenables, on trouve que pour racheter 159,977,062 fr. de rentes, au pair de 100 fr. pour 5 fr., avec une puissance amortissante de 77,503,204 fr., il faudrait un laps de tems de

22 années, 3 mois, 12 jours.

En donnant aux indemnisés 30 millions de revenu, au capital nominal de 100 fr. pour 5 fr., et en rachetant à ce taux, la durée de l'amortissement n'eût encore été que de

24 années, 6 mois, 22 jours.

Et en donnant aux indemnisés le même revenu de 30 millions, mais en leur assurant le capital d'un milliard, qu'on reconnait leur être *légitimement* dû, la durée de l'amortissement aurait été de

26 années, 1 mois, 9 jours.

Telle aurait été la plus longue durée de notre libération.

Et comme, en ne changeant rien à notre situation rentière, si ce n'est le paiement de 30 millions de revenu, et de un milliard de capital, nous aurions vu, en cinq années au plus, s'établir le niveau *si désirable* entre la masse des rentes et les capitaux indispensables à leur libre circulation, nous aurions pu, après avoir satisfait à la *juste* et *politique* mesure des indemnités, obtenir *facilement*, et à des conditions *raisonnables*, sur des émissions soit en *cinq*, soit en *quatre* pour cent, les fonds qui auraient pu nous devenir indispensables pour satisfaire aux *nouveaux* besoins que la situation et la balance *politiques* de tous les états du globe auraient pu nous rendre *nécessaires*.

Au lieu de cela,

Nous nous serons *bornés* à *abuser* et à *tromper* les indemnisés, *sans les payer* ;

Nous aurons surchargé les contribuables, auxquels nous faisions espérer des soulagemens ;

Nous aurons perdu la *confiance* des rentiers, en les *trompant* ; en cherchant à les faire tomber dans des pièges, *indignes d'un ministère français* ; et en les insultant *insolemment* ;

Nous aurons *ruiné* les convertis, au lieu de les *enrichir* comme on le leur promettait ;

Nous aurons *doublé* la durée de notre libération, et nous nous serons enlevé toute *possibilité* d'obtenir, par emprunts, les *secours* qui dans l'avenir pourraient nous devenir *nécessaires* ;

Nous aurons enfin perdu notre *credit* que nous avions acquis si *heureusement*, mais si *chèrement* et avec de si grands sacrifices.

Ce serait là les résultats des conceptions financières de M. de Villèle.

Serait-ce donc en ce sens que M. le président du conseil des ministres aurait dit :

« Tout est lié dans le bien comme dans le mal,
» dans le vrai comme dans le faux : entrez dans
» la bonne voie, tous les résultats sont bons;
» égarez-vous dans la mauvaise, tout vous tour-
» nera à mal ».

Resterait à déterminer si *nous serions réellement égarés dans la mauvaise voie.*

M. le président du conseil des ministres nous a indiqué quels seraient les moyens de prononcer sur une telle question; il nous a dit :

« Pour savoir quels principes on doit suivre, il
« faut examiner où est la vérité; car nous avons
« affaire à une nation qui sait la deviner, et qui,
« au milieu de nos discussions, saura bien voir,
« sentir et reconnaître dequel côté est la justice. »

Le public a PRONONCÉ :

Pourquoi faut il donc que nous ayons encore a répéter,

Que dans un pays tel que la France, la source la plus *féconde* de *prospérité* est d'être *juste et équitable* envers tout le monde, et de *ne jamais manquer à aucun de ses engagemens.*

Si la France pouvait ne jamais *dévier* de cette direction, alors nous n'aurions d'embarras réel d'administration que celui de choisir et de *désigner* ceux auxquels, par *préférence*, nous voudrions accorder la *faveur d'agréer leurs offres*.

Les premières années de la restauration peuvent servir de preuve à cette vérité.

Pourquoi faut-il qu'un mauvais génie ait arrêté et même *troublé* cet élan!

Pourquoi faut-il qu'on ait substitué au résultat *chaleureux* de l'enthousiasme, les combinaisons *glaciales* de l'agiotage!

Pourquoi faut-il qu'on ait remplacé la *confiance*, par *l'incertitude* et par la *défiance*!

Pourquoi faut-il qu'à cette maxime *sublime*,

OUBLI ET UNION,

On ait substitué celle de,

REPROCHE ET DISCORDE.

Nous marchions dans la bonne voie; M. le président du conseil des ministres nous en a fait *dévier*, et nous a fait *perdre, d'un seul coup de dez*, les résultats *fructifères* de nos *efforts*; il nous *replace* ainsi dans le sentier de nouvelle *gêne*, et de nouveaux *sacrifices*, probablement *infructifères*, dans tous les cas *énormes* dans leur *importance*, et surtout dans leurs *conséquences*.

INCAPACITÉ, OU DUPLICITÉ !

Tremblez, votre heure est sonnée ; la vengeance du ciel va enfin vous *atteindre* ; vos appuis vont vous *abandonner*, en vous reprochant *l'abus* de leur *confiance*, et le *déplorable emploi* de leurs *pures et vénérables intentions*.

Si cet abandon n'est pas pour vous la plus *poiguante* des punitions, votre mal serait *incurable*, et dès-lors nous perdrions bien *inutilement* notre temps en nous occupant encore de vous dans votre *disgrace*.

Vous ne pourriez plus faire de mal *à la France*.

NOTRE *VŒU* SERAIT *REMPLI*.

DE LA CONVERSION

des rentes 5 pour cent en rentes 3 pour cent,

sous l'aspect de l'avantage *ou du* désavantage *pécuniaires*

qui doivent en résulter pour les contribuables.

Lors de la présentation de ses conceptions financières, M. le président du conseil des ministres annonça, d'une manière formelle, que la *conversion* et *l'annihilation* des rachats *annuels* produiraient dans la fortune des contribuables une amélioration *absolue*, qui ne se trouverait même pas *entamée* par *l'acquittement* des indemnités.

Pour admettre la première de ces *assertions*, il faudrait, contrairement aux assurances *simultanées* de M. le président du conseil des ministres, avouer que le taux de l'intérêt *conventionnel* est *supérieur* ou au moins *égale* au taux de l'intérêt *légal*.

Pour admettre la seconde de ces *assertions*, il faudrait,

D'abord, qu'il ne fût pas constant, ainsi que j'ai établi qu'il l'était, que, prises dans leur ensemble, les *augmentations* et les *diminutions* comparatives sur les recettes indirectes ne se fussent pas *compensées* depuis 1815, de telle sorte qu'en dernière analise elles n'ont présenté dans leur marche ni *avantage* ni *désavantage* ;

Qu'en outre les conversions se fussent au moins élevées à 150 millions de rentes, 5 pour cent, ce qui aurait donné dans les 50 millions provenant de la réduction le moyen de *subvenir* aux arrérages des indemnités ;

Qu'enfin on fit sortir *du néant* un capital d'un milliard nécessaire à la libération des indemnités, et pour lequel les conceptions financières de M. le président du conseil des ministres n'ont *assigné* aucune nature de ressources.

Ainsi, par cela seul que la conversion n'a eu lieu que sur trente millions de rentes, 5 pour cent, *l'augmentation des débours annuels* des contribuables s'élevera, au moins, non seulement aux 24 millions nécessaires pour *subvenir* au *complement* du service des arrerages des indemnités, mais encore au milliard nécessaire pour *éteindre finalement* le capital de cette *dette.*

Malheureusement, le seul résultat *infaillible* des conceptions financières et des prévisions de M. le président du conseil des ministres est que les avantages *minimes* résultans pour les contribuables de notre réduction de rentes par conversion *diminueront graduellement*, et *s'anéantiront promptement*, pour faire place à des *désavantages* qui, après les avoir *balancés*, les *dépasseront* considérablement, et leur feront, en définitive, payer à *triple usure* leur *lueur d'amélioration*.

Si M. le président du conseil des ministres eût approfondi ce sujet de recherches, dans sa généralité, et dans son application à ses conceptions, il aurait pu se convaincre,

Que, dans notre espèce, et d'après ses bases, c'est une grande erreur de considérer comme *absolu*, *fixe* et *invariable* dans son *importance*, le soulagement *momentané* résultant pour les contribuables de notre réduction de rentes par conversion.

D'abord, mais à la vérité seulement *successivement*, ce soulagement aurait de même *eu lieu* sans conversion, et, dans ce cas, aucune *augmentation* sur le capital nominal ne serait venu *compenser*, *couvrir*, et même *dépasser* cet avantage.

En outre, il est évident qu'en émettant pour conversion, en échange d'une valeur qui est au pair, une autre valeur qu'on donne à un taux *inferieur* au pair, et en annonçant, comme motif *d'appui*, que, plus ou moins tôt, le cours vénal de cette nouvelle valeur doit *s'élever* et *atteindre* enfin le *pair*, la plus haute importance de la décharge pour les contribuables doit être au moment même de la conversion, et doit ensuite *successivement s'atténuer*, dans une progression *croissante*, influencée d'une part par la quotité des extinctions qui, avec une même puissance amortissante, auraient eu lieu sans réduction ; d'autre part dans le rapport du taux plus ou moins *élevé* des rachats *comparativement* au taux de la conversion.

C'est sous ces aspects que j'ai dit qu'en principe général, à moins de circonstances particulières auxquelles on ne pourrait espérer voir se soumettre les rentiers, *présens ou à venir*, toute réduction, sur-tout de la nature de celles auxquelles n'a cessé de se *complaire* M. le président du conseil des ministres, est *finalement* avec le temps plus *onéreuse* matériellement aux contribuables qu'elle ne leur est *avantageuse*.

Dans notre espèce, et d'après les bases de conversion adoptées par M. le président du conseil des ministres, les porteurs de cinq mille fr. de rentes, 5 pour cent, au capital nominal de cent mille fr., reçoivent en échange quatre mille fr. de rentes, 3 pour cent, au capital vénal de 75 fr. pour 3 fr., et au capital nominal de 100 fr. poar 3 fr.

D'où il résulte,

1.° Que leur revenu est *diminué* d'un cinquième.

2.° Que leur capital vénal ne *représente* pas plus que le capital nominal de leurs 5 pour cent.

3.° Enfin, que ce capital nominal *peut* éprouver une *augmentation* d'un tiers.

Dans une telle position ;

Si le prix du rachat *égale* le prix de l'émission des 3 pour cent de la conversion, il y aura pour le converti *perte* d'un cinquième de son revenu et pour le contribuable *avantage* équivalent à ce cinquième de revenu.

Si le rachat se fait à un prix vénal *inférieur* au prix de la conversion, il y aura pour le converti double *perte*, l'une sur le revenu, l'autre sur le capital ; et de même il y aura pour les contribuables double *avantage*, l'un sur le revenu, l'autre sur le capital.

Si enfin le rachat se fait à un prix *supérieur* à celui de la conversion, il y aura pour le converti, d'un côté *perte* sur son revenu, de l'autre *avantage* sur son capital ; et de même, en *sens inverse*, il y aura pour les contribuables *avantage* sur leur revenu, et *perte* sur leur capital.

Cette dernière position comprend trois subdivisions :

1.° La somme du bénéfice pour l'état, par la diminution du revenu, pourra dépasser la somme en perte sur le capital; alors il y aura *perte* pour le converti, et *avantage* pour le contribuable.

2.° La somme en perte sur le capital pourra dépasser la somme en bénéfice sur le revenu ; alors il y aura *perte* pour le contribuable, et *avantage* pour le converti.

3.° Enfin, le bénéfice sur la somme en revenu pourra égaler la perte de la somme en capital ; alors il n'y aura ni *perte* ni *avantage*, soit pour les convertis, soit pour les contribuables ; ils se retrouveront replacés les uns et les autres dans leur état primitif, comme s'il n'eût pas existé de conversion.

Ces nuances de position seraient au surplus influencées,

1.° Par l'importance de la puissance amortissante, comparativement à la masse amortissable ;

2.° Par le taux de l'intérêt auquel aurait lieu l'amortissement ;

3.° Par la durée de l'amortissement.

Dans le fait, et par suite de l'importance des conversions opérées, le *maximum* des décharges pour les contribuables, par la réduction du revenu, ne peut s'élever qu'à

6,115,081 fr.

Dont il faut diminuer,

D'abord le cinquième des 5 pour cent qui auraient été successivement rachetés avec la même puissance amortissante si la conversion n'eût pas existé ;

En second lieu, *l'augmentation* des débours occasionnés par le prix du rachat *supérieur* au prix de l'émission.

Pour mieux faire *apprécier* ces motifs *d'influence*, supposons que le cours vénal des 3 pour cent, émis à 75 fr. pour 3 fr., s'élève à 90 fr. pour 3 fr.

Pour racheter à ce taux quatre mille francs de rentes, 3 pour cent, il faudrait un fonds de 120,000 francs.

Avec 120,000 fr., on aurait racheté au pair, ou remboursé si l'on veut, 6,000 fr. de rentes, en 5 pour cent, tandis que par la conversion l'extinction ne serait que de 4,000 fr. de rentes.

Partant, perte pour l'état, et *surcharge annuelle*, par chaque 5,000 fr. de conversion, de 2,000 fr.

La conversion aurait amené, toujours par chaque 5,000 fr., une *décharge apparente* d'un cinquième, ci,	1,000 fr.
La surcharge annuelle, imposée à l'état par la conversion, est donc encore, par chaque 5,000 fr. de rentes converties, de	1,000 fr.

D'où il résulte qu'au taux de 90 fr. pour 5 fr. *la décharge par réduction serait moitié moindre qu'elle aurait été sans reduction*.

Il est dès lors facile de concevoir, qu'en raison de la diminution des décharges due aux annihilations et au taux élevé des rachats, il doit se trouver,

Des époques où la balance *avantageuse* soit en *faveur* des 3 pour cent;

D'autres où il y ait *parité* d'avantage et de désavantage entre les 3 et les 5 pour cent;

D'autres enfin où le désavantage soit pour les 3 pour cent comparativement aux 5 pour cent.

Malheureusement, dans l'ensemble des combinaisons financières et des prévisions de M. le président du conseil des ministres, la situation qu'on en peut déduire n'offre, en définitive, que des *désavantages* pour les contribuables et pour l'état.

La perte pour les contribuables est *assurée.*

Dans les premiers momens, la réduction leur offrira, à la vérité, de *minimes* avantages;

Mais, *immédiatement*, ces avantages s'atténueront *graduellement*, et seront suivis de *désavantages* qui, après les avoir balancés, *surnageront* sans aucun genre de *compensation.*

Tel est le sort *inévitable*, même ministériellement *prophétisé*, des conceptions financières de M. le président du conseil des ministres.

En a-t-il, lorsqu'il les a créées ou *adoptées*, *apprécié la réelle importance?*

Il serait par trop *douloureux* de le penser.

Si cependant il en était ainsi, il y aurait plus que de la *charité chrétienne* à se *borner* à ne pas le *maudire* et *l'exécrer* comme l'ennemi le plus *perfide* et le plus *dangereux* pour l'état.

Si, au contraire, sa seule faute était *l'incapacité* financière, en lui *pardonnant*, en le *plaignant*, et sur-tout en *plaignant la France de s'être trop longtemps trouvée abandonnée en de telles mains*, il serait impossible au moins de ne pas lui répéter cette vérité de tous les temps ;

En tout il faut voir la fin.

En définitive, M. le président du conseil des ministres peut être assimilé, relativement à ses conceptions financières, à un homme qui, ayant 10,000 fr. de capital, changerait la direction qui lui aurait été tracée, uniquement dans le but de *ménager* une modique dépense de mille francs, ou, au fond, *d'acquérir* une réputation de *novateur.*

Bientôt, entraîné dans sa nouvelle marche, par un *torrent debordé*, son capital et son revenu seraient *précipités dans un abime de misère.*

. Certes, une telle novation ne serait guère *digne* d'éloges.

Bien mieux eût valu *annihiler* les fruits *acerbes* d'un *aventureux délire.*

La preuve évidente que je vais en établir, pourrait d'autant moins être contestée par le ministère que je déduirai mes résultats d'une réalisation présumée de ses prévisions, et que j'abonderai, en cela, dans l'hypothèse la plus favorable qu'il ait imaginée pour présenter la conversion avec tous ses avantages possibles pour les parties rentières appelées à y prendre part.

§ Ier.

DE LA CONVERSION

des rentes 5 *pour cent, en rentes* 3 *pour cent, dans ses rapports avec les* décharges *ou les* surcharges *qui en résulteront pour les contribuables.* (1)

Ière. année d'exécution :

Du 22 Juin 1825, au 22 Juin 1826.

Puissance amortissante.

77,503,204 fr.

(1) Pour moins fatiguer l'attention, je ne placerai ici que les détails d'exécution des deux premières années, et je reporterai, dans l'appendice, ceux des dix années suivantes.

Taux des rachats.

77 fr. pour 3 fr.

La portion de la puissance amortissante *afférente* à la quotité *relative* des 3 pour cent des conversions en circulation serait dans cette première année d'exécution de

62,015,948 fr.

Avec cette portion de puissance amortissante, le rachat en 3 pour cent des conversions serait de

2,416,204 fr.

Ces 2,416,204 fr. ont été délivrés au taux de 75 fr. pour 3 fr., c'est-à-dire pour un capital de

60,405,100 fr.

On voit déjà une première perte, dont voici l'importance.

BALANCE.

Fonds employés aux rachats. .	62,015,948 fr.
Le capital par émission ayant été de.	60,405,100 fr.
La perte, *en capital*, par les rachats, serait de	1,610,848 fr.

AUTRE CAUSE DE PERTE.

Avec ces 62,015,948 fr., employés aux rachats de rentes 3 pour cent, on aurait racheté, en rentes 5 pour cent, *au pair*, ...	3,100,797 fr.
Et comme les rachats de rentes 3 pour cent n'auraient retiré que	2,416,204 fr.
La différence en perte, *sur les arrérages*, serait, pour l'année, de	684,593 fr.

Ainsi, dès la première année de l'exécution, il y a perte pour les contribuables,

1°. Sur les capitaux	1,610,848 fr.
2°. Sur les arrérages des six derniers mois	342,297 fr.
Ensemble des pertes. .	1,953,145 fr.

Mais, en compensation relative de cette perte, il faut tenir compte du bénéfice qui résulte pour les contribuables des *conversions opérées* qui ont réduit à 4 pour cent des arrérages qu'ils auraient payés à 5 pour cent.

Ce bénéfice existe sur . .	30,573,794 fr.
de rentes 5 pour cent dont la conversion en rentes 3 pour cent ne donne plus à payer, en arrérages, que	24,459,035 fr.
L'importance annuelle de ce bénéfice est donc de . . .	6,114,759 fr.
Qui, pour les six derniers mois de la première année, se réduiront à	3,057,379 fr.
Diminuant de cette somme les pertes qui s'élèvent à	1,953,145 fr.
La première année d'exécution présente, pour les contribuables, un *bénéfice* ou une *décharge* de	1,104,234 fr.

IIe. année d'exécution:

Du 22 Juin 1826, au 22 Juin 1827.

Puissance amortissante.

77,503,204 fr.

Taux des rachats.

79 fr. pour 3 fr.

Portion de la puissance amortissante *afférente* aux rachats des rentes de conversion.

50,742,504 fr.

Rachats en 3 pour cent des conversions.

1,926,932 fr.

Capital de leur émission.

48,173,300 fr.

BALANCE.

Fonds employés aux rachats	50,742,504 fr.
Capital reçu par émission .	48,173,300 fr.
Perte, *sur le capital*, par les rachats	2,569,204 fr.

AUTRE CAUSE DE PERTE.

Avec ces mêmes fonds employés, dans cette seconde année, à des rachats de rentes 3 pour cent on aurait racheté, en rentes 5 pour cent, une somme d'arrérages s'élevant à 2,537,125 fr.

On n'aura racheté en 3 pour cent que	1,926,932 fr.
Perte sur les arrérages, .	610,193 fr.
A quoi il faut ajouter la perte *de même nature* faite pendant la première année, et qui se répète annuellement	684,593 fr.
La perte, pour plus à payer en arrérages, pendant la deuxième année, est de . .	1,294,786 fr.

Ainsi, pour la deuxième année ;

Perte sur le capital. . .	2,569,204 fr.
Perte sur les arrérages . .	1,294,786 fr.
Ensemble des pertes .	3,863,990 fr.

Mais, comme les conversions opérées auront produit, pour les contribuables, une décharge annuelle, sur les arrérages, de 6,114,759 fr.

Les pertes ne s'élevant encore, dans la deuxième année, qu'à	3,863,990 fr.
La seconde année d'exécution présentera encore, pour les contribuables, un *bénéfice* ou une *décharge* de	2,250,769 fr.

RÉSULTATS SOMMAIRES,

par chaque année,
de l'exécution présumée
des prévisions ministérielles.

ANNÉES. (1)	Décharges pour les contribuables.	Surcharges pour les contribuables.
	fr.	fr.
1825 – 1826.	1,104,234	. . .
1826 – 1827.	2,250,769	. . .
1827 – 1828.	1,138,007	. . .
1828 – 1829.	322,283	. . .
1829 – 1830.	. . .	295,223
1830 – 1831.	. . .	1,396,191
1831 – 1832.	. . .	2,492,989
1832 – 1833.	. . .	3,586,395
1833 – 1834.	. . .	4,677,129
1834 – 1835.	. . .	5,765,905
1835 – 1836.	. . .	6,266,430
1836 – 1837.	. . .	7,465,516

(1) Pour l'exécution de la loi, chaque année commencerait le 22 juin de l'année précédente.

RÉCAPITULATION.

Sur les douze premières années de la loi de conversion, la 1re., la 2e., la 3e., et la 4e. années seront les seules qui procureront des *décharges* aux contribuables; les huit autres années leur occasionneront des *surcharges*.

L'importance des *décharges* s'élèvera à

4,815,294 fr.

L'importance des *surcharges* s'élèvera à

31,945,778 fr.

Les *surcharges* dépasseront donc les *décharges* de

27,130,484 fr.

On peut donc dire que dans ces douze années les *surcharges* seront plus de six fois et demie plus *considérables* que les *décharges*.

§ II.

Debours annuels

qu'auraient à supporter les contribuables pendant les 55 années nécessaires à leur libération rentière, par suite et d'après une exécution des conceptions et previsions financières de M. le président du conseil des ministres. (1)

Ire. Année.

Du 22 juin 1825, au 22 juin 1826.

Arrérages des 3 pour cent provenant des conversions.	24,025,938 fr.
Arrérages des 3 pour cent provenant des indemnités. . . .	6,000,000
Arrérages des 5 pour cent, non convertis	129,759,597
Dotation annuelle et fixe . .	77,503,204
Ensemble	237,288,739 fr.
Montant de leurs frais de perception	45,084,861
Total	282,373,600 fr.

(1) Je ne placerai ici que les détails de la première année d'exécution; on trouvera dans l'appendice les détails pour les années suivantes.

État sommaire

des débours annuels qu'auront à supporter les contribuables, pendant les 55 années de leur libération rentière, par suite et d'après une exécution des conceptions et prévisions financières de M. le président du conseil des ministres. (1)

Anuées d'exécution.	Débours annuels.
	fr.
1825 - 1826	282,373,600
1826 - 1827	285,920,271
1827 - 1828	289,557,907
1828 - 1829	293,282,024
1829 - 1830	297,088,451
1830 - 1831	293,833,319
1831 - 1832	290,652,903
1832 - 1833	287,544,166
1833 - 1834	284,503,367
1834 - 1835	281,528,249
1835 - 1836	278,615,771
1836 - 1837	275,763,341
1837 - 1838	272,908,526
1838 - 1839	268,357,105

(1) Pour l'exécution de la loi, chaque annéc commencerait le 22 juin de l'année précédente.

Années d'exécution.	Débours annuels.
	fr.
1839 - 1840	263,745,646
1840 - 1841	259,134,205
1841 - 1842	254,522,765
1842 - 1843	249,911,324
1843 - 1844	245,299,646
1844 - 1845	240,688,206
1845 - 1846	236,077,003
1846 - 1847	231,465,563
1847 - 1848	226,854,122
1848 - 1849	222,242,682
1849 - 1850	217,631,241
1850 - 1851	213,019,801
1851 - 1852	208,408,561
1852 - 1853	203,796,920
1853 - 1854	199,185,480
1854 - 1855	194,574,040
1855 - 1856	189,962,599
1656 - 1857	185,351,159
1857 - 1858	180,739,718
1858 - 1859	176,143,472
1859 - 1860	171,516,838
1860 - 1861	166,905,397
1861 - 1862	162,293,957
1862 - 1863	157,682,516
1863 - 1864	148,459,636

Années d'exécution.	Débours annuels.
	fr.
1864 - 1865	143,824,389
1865 - 1866	139,236,755
1866 - 1867	134,625,314
1867 - 1868	130,013,874
1868 - 1869	125,402,434
1869 - 1870	120,780,994
6 derniers mois de 1870	60,232,415
1871	118,554,406
1872	115,801,722
1873	113,021,162
1874	110,254,298
1875	107,487,434
1876	104,770,569
1877	101,953,705
1878	99,176,841
1879	96,419,979
6 premiers mois de 1880	48,819,661

§ IIIe.

Dette en capital

dont chaque année, et après rachats,
les contribuables resteront grévés. (1)

Année 1825 - 1826.

Pour les 3 pour cent de conversions.	800,864,600 fr.
Pour les 3 pour cent d'indemnités	1,000,000,000 fr.
Pour les 5 pour cent non convertis	2,595,191,940 fr.
Ensemble . . .	4,396,056,540 fr.
Pour les frais de perception de ces nets produits	835,250,743 fr.
Total de la dette en capital	5,231,307,283 fr.

(1) Je renvoie et l'on trouvera dans l'appendice les détails pour les années suivantes.

Pour l'exécution de la loi, chaque année commencerait au 22 juin de l'année précédente.

§. III.

ÉTAT SOMMAIRE

de la dette en capital,

dont, chaque année, et après rachats, les contribuables resteront grevés.

ANNÉES.	Montant de la dette.
	fr.
1825 - 1826.	5,231,307,283
1826 - 1827.	5,111,529,657
1827 - 1828.	4,994,780,663
1828 - 1829.	4,769,802,358
1829 - 1830.	4,880,802,358
1830 - 1831.	4,661,297,920
1831 - 1832.	4,579,087,516
1832 - 1833.	4,451,662,505
1833 - 1834.	4,350,299,500
1834 - 1835.	4,251,128,915
1835 - 1836.	4,154,046,855
1836 - 1837.	4,058,965,385
1837 - 1838.	3,965,804,836
1838 - 1839.	3,873,576,033
1839 - 1840.	3,781,347,210
1840 - 1841.	3,689,146,772
1841 - 1842.	3,596,869,604

ANNÍES.	Montant de la dette.
	fr.
1842 - 1843.	3,504,660,796
1843 - 1844.	3,412,631,988
1844 - 1845.	3,320,203,280
1845 - 1846.	3,227,974,372
1846 - 1847.	3,135,744,374
1847 - 1848.	3,043,516,756
1848 - 1849.	2,951,287,943
1849 - 1850.	2,859,535,140
1850 - 1851.	2,768,306,332
1851 - 1852.	2,675,077,524
1852 - 1853.	2,583,848,716
1853 - 1854.	2,490,619,908
1854 - 1855.	2,398,414,900
1855 - 1856.	2,306,138,492
1856 - 1857.	2,213,909,684
1857 - 1858.	2,121,680,876
1858 - 1859.	2,029,452,068
1859 - 1860.	1,937,223,260
1860 - 1861.	1,844,994,452
1861 - 1862.	1,752,765,644
1862 - 1863.	1,661,726,836
1863 - 1864.	1,580,208,038
1864 - 1865.	1,476,079,220
1865 - 1866.	1,383,850,412
1866 - 1867.	1,291,621,604
1867 - 1868.	1,199,392,796

ANNÉES.	Montant de la dette.
	fr.
1868 - 1869.	1,107,163,988
1869 - 1870.	1,014,932,800
Les 6 derniers mois de 1870 .	483,943,159
1871.	889,426,428
1872.	798,536,230
1873.	693,068,812
1874.	600,840,004
1875.	508,611,106
1876.	416,382,388
1877.	324,153,580
1878.	231,924,772
1879.	139,696,966
Les 6 premiers mois de 1880.. .	4,746,715

DE LA CONVERSION

des rentes 5 pour cent en rentes 3 pour cent

dans ses rapports avec les convertis.

Les convertis, porteurs de 3 pour cent, doivent, dans leur intérêt, prendre sans cesse, comme objet de comparaison de leur *état de situation*, l'état de situation des non-convertis.

D'un côté les convertis ont, *comparativement*, *l'espoir* d'une *augmentation* sur leur capital : mais, d'un autre côté, comme *compensation* de cet espoir, ils ont la *certitude* d'une *diminution* sur leur revenu.

L'espoir est *éventuel*; la certitude est *absolue* : dès-lors la nature de la balance de *comparaison* doit dépendre non-seulement de *l'époque* ou on l'établit, mais encore du *cours vénal* des 3 pour cent à cette époque.

On conçoit facilement que, par suite de ces motifs et de ces directions *d'influence*, il doit exister dans ce genre *d'appréciation* des positions où il y ait pour les convertis une balance *avantageuse*; d'autres où la balance soit pour eux *désavantageuse*; d'autres enfin où il y ait *parité* de situation.

C'est d'abord cette parité qu'il importe d'établir, comme *unite* de comparaison.

En-deçà, la direction présenterait, *comparativement*, plus ou moins *d'avantages*.

Au-delà, au contraire, la direction présenterait, *comparativement*, plus ou moins *de desavantages*.

Il suffirait donc, pour apprécier *justement* l'importance *exacte* de ce *désavantage* ou de cet *avantage*, *d'épuiser* les époques, dans tous les ordres de *combinaisons* et à tous les taux *intermédiaires* au taux d'émission et au taux nominal.

C'est ce que j'ai fait, tant directement, qu'à l'aide de formules convenables.

Voici d'abord les bases d'après lesquelles on peut *établir* l'état de situation de *parité*.

Les 3 pour cent ont été donnés aux convertis sur le pied de 75 fr. pour 3 fr.

Avec un capital de 75 fr., *le non-converti* a un revenu de	3 fr. 75 c.
Avec un même capital de 75 fr., *le converti* n'a qu'un revenu de . . .	3 fr. »
Par chaque 3 fr. de rentes le revenu *du non-converti* excède donc le revenu *du converti* de . .	» 75 c.

Mais, d'un autre côté, le non-converti ne peut espérer aucune augmentation de son capital

(je mets de côté celles résultantes des négociations entre particuliers), tandis que le converti a la chance, par une élévation suffisante des cours, de voir accroître son capital, de

25 fr.

Ainsi, par chaque 75 fr. de capital primitif,

L'avantage *éventuel* du converti, *comparativement* au non-converti, est d'un capital de

25 fr.

Et le désavantage *absolu* du converti, *comparativement* au non-converti, est la privation d'un revenu de

75 centimes
par chaque 3 fr.

Or, comme cet avantage, à la vérité variable dans son importance en raison des taux des rachats, *se paye cependant en une seule fois*, quelque soit l'époque de la libération, tandis que le désavantage *se renouvelle tous les ans*, on conçoit que plus *l'époque* choisie pour établir la comparaison sera *éloignée*, et plus *la réunion des pertes annuelles*, en capital et en intérêts, *acquérera* d'importance, de telle sorte qu'enfin arrivera une époque ou cette importance *balancera* exactement l'avantage éventuel résultant de l'augmentation possible du capital.

Au-delà de cette époque de parité de situation, la comparaison sera en *perte* pour le converti et ne lui présentera que des désavantages, dont l'importance, obéissant à une progression croissante, sera d'autant plus considérable que l'époque sera plus *reculée*.

En de-çà de l'époque de parité de situation, la comparaison pourra être soit à l'avantage, soit au désavantage du converti, suivant l'époque choisie, et le cours vénal à cette époque.

Si, dès l'origine, le cours vénal des 3 pour cent s'élevait à leur taux nominal, il y aurait dès l'origine, et jusqu'à l'époque de parité de situation, avantage pour le converti; toutes fois cet avantage irait continuellement en décroissant, et serait d'autant moindre que l'époque se rapprocherait davantage de celle de la parité de situation, moment auquel l'avantage *disparaîtrait* totalement, et commencerait à se trouver *remplacé* par une situation de *perte absolue*, *durable*, et *croissante*.

En principe général, lorsqu'un prêteur obtient un revenu *inferieur* à celui que lui aurait procuré le capital de son *prêt*, placé au taux de l'intérêt *légal*, et lorsqu'en même temps il reçoit pour la libération de son débiteur un capital qui *excède* celui de son *prêt*, il doit *résoudre* en intérêts cet *excédent* de capital, pour *apprécier* si, dans son *prêt*, il y a pour lui *perte* ou *bénéfice* comparativement à un placement au taux légal.

Et de même lorsqu'un prêteur obtient un revenu *excédent* celui que lui aurait procuré le capital de son *prêt*, placé au taux de l'intérêt *légal*, et lorsqu'en même temps il reçoit par la libération de l'emprunteur un capital *inferieur* à celui de son *prêt*, il doit *résoudre* en capital son *excédent* de revenu, pour *apprécier* si, dans son prêt, il y a pour lui *perte* ou *bénéfice*, comparativement à un placement au taux légal.

L'on conçoit facilement dès-lors qu'un tel état *comparatif* doit être *variable* suivant l'époque de la libération, et suivant le taux de l'intérêt auquel doit être assujettie la marche *intermédiaire* aux deux *extrêmes*.

Quant au taux de l'intérêt auquel doit être *assujettie* la marche intermédiaire aux deux extrêmes, il se trouve nécessairement fixé par la *force des choses*.

En effet, les capitalistes de toute nature, et dans cette catégorie doivent se ranger les *contribuables*, les *rentiers*, et généralement *tous ceux qui vivent d'un emploi quelconque de capitaux*, *faibles* ou *forts*, ont, relativement à cet emploi, des dispositions tellement *variées*, tellement *dissemblables*, qu'il serait de toute impossibilité d'en *apprécier* même la quote part *relative*.

C'est bien à ce genre de fortune que peut s'appliquer ce qu'à dit, *contredisant ses premières assertions*, le journal officiel, relativement au taux de l'intérêt, dans son n.° du 27 septembre 1825.

» Le commerce sait qu'en France l'intérêt est à » tous les taux, depuis deux jusques à douze pour » cent, et au-delà, suivant qu'il s'agit de placer » en propriétés, en rentes sur l'état, sur hypothè» ques, chez des banquiers, sur de simples pro» messes, pour plus ou moins de temps, et que » les placements se font à Paris, à Marseille, à » Périgueux, ou à Aurillac. »

D'où il resulte avec évidence que dans l'impossibilité ou l'on se trouve même *d'apprécier* la nature d'emploi des capitaux disponibles des contribuables et des rentiers, l'absence pour eux d'une partie de leurs capitaux ne peut avoir pour bâse de la *diminution de leur jouissance* que le taux de l'intérêt légal.

Dans notre espèce, il y a *fixité* dans trois des élémens qui doivent concourir à la *solution* des problêmes qu'on peut se proposer relativement aux réductions; ce sont,

D'abord le *taux de l'intérêt* de la marche qui doit conduire à balance, savoir 5 pour cent;

En second lieu, *l'importance* du revenu, savoir 4 fr. de revenu pour 100 fr. de capital, au lieu de 5 fr. de revenu pour le même capital de 100 fr.;

En troisième lieu, *l'importance* du capital primitif, *comparativement* au capital nominal, savoir 133 fr. 33 cent. pour 100 fr. de capital *primitif*, au lieu de 100 fr. pour 100 fr. de capital *primitif* :

En d'autres termes, la fixité des élémens peut se résumer ainsi :

Perte de 75 centimes de revenu sur chaque trois francs de revenu ;

Augmentation de 25 fr. de capital, sur un capital *primitif* de 75 fr.

Dès-lors il ne reste plus dans toutes les questions de cette nature que *deux* élémens qui puissent *influencer* directement les résultats : ce sont,

L'époque de la balance, et le *taux* des rachats pour la libération.

De la *fixation* de l'un de ces deux élémens dérivera nécessairement la *fixation* de l'autre.

Ainsi l'ensemble des solutions relatives aux conversions tient, dans notre espèce, à ces *deux questions :*

Au bout de combien d'années une somme annuelle *de 75 centimes, calculée au taux de l'intérêt* légal, *s'élevera-t-elle à un* capital *de 25 fr. ?*

A quel taux doit s'élever le rachat ou la valeur vénale des 3 pour cent, pour qu'une somme annuelle *de 75 centimes, calculée jusques à une* époque determinée, *au taux de l'intérêt* légal, *s'élève à la plus value du taux vénal, comparativement au taux de l'émission ?*

En résolvant le *premier* de ces problèmes par des calculs convenables, on trouve que la *durée* serait de

19 années, 5 mois, 24 jours.

Qu'ainsi, à l'*expiration* de ce terme, la *perte* de 75 cent. par chaque année s'élèverait à un capital de 25 fr.

Si donc *l'importance* de l'amortissement n'est pas assez *élevée* pour *effectuer* l'achèvement de la libération en moins de 20 années, tous ceux qui seront *libérés* au-delà de la 20ᵉ année éprouveront de la *perte*, en supposant même la réunion de toutes les chances qui leur seraient les plus *favorables*, ou, à vrai dire, *les moins désavantageuses.*

Or comme, d'après les conceptions financières de M. le président du conseil des ministres, l'achèvement de l'amortissement ne pourrait avoir lieu qu'en

55 années,

Il en résulte que tous les porteurs de trois pour cent, provenant de conversions, qui n'auraient pas été *libérés* avant la 20ᵉ année, et qui ne le seraient que pendant les 35 années suivantes, éprouveraient par le *fait* de leur conversion une *perte assurée* et *croissante*.

Il est donc *évident* que les 2/3 environ des convertis ont la *certitude absolue* d'éprouver de la *perte* par le *fait* de leur conversion.

Le converti qui réalisera à la 25e année aura encore plus de *perte* que celui qui réalisera à la 21e année. Et celui qui ne réalisera qu'à la 55e année se trouvera le plus *lésé*.

En appliquant à cette dernière situation des calculs convenables, on trouve que le débours primitif étant de

75 fr.

La perte définitive serait de

189 francs.

C'est-à-dire, plus de deux fois et demi plus *considerable que l'importance du capital primitif*.

Il est donc constant qu'à peu près les *deux tiers* des convertis éprouveront de la *perte* ;

Que cette perte *absorbera* pour la plupart d'entr'eux leur *capital primitif*, et nécessitera pour beaucoup d'autres un *debours additionnel* également en *perte* dépassant deux *fois et demi le capital primitif anéanti* ;

Qu'il serait possible que la *totalité* ou au moins

portion du troisième tiers fut de même en *perte* par suite de l'opération.

En effet, si le cours vénal des 3 pour cent *s'abaissait* audessous de 75 fr.; ou si même il ne s'élevait que dans une proportion *insuffisante*, relativement aux époques d'amortissement, le *troisième tiers* des convertis serait en *perte* de même que les *deux autres tiers*; il n'y aurait à cet égard d'autre *différence* entre eux *tous* que le *plus* ou le *moins* de *perte*. Les premiers à se *repentir* seraient les *moins lésés*; les *oscillans*, les *indéterminés* paieraient d'autant plus *chèrement* leur *persévérance* que le bandeau qui leur couvrirait les yeux se déchirerait plus *tardivement*.

Etablissons donc à quel cours vénal des 3 pour cent il y aurait chaque année pour les convertis, en supposant de leur part détermination à encaissement, *parité de situation* comparativement à la situation des prêteurs en 5 pour cent.

Pour ne pas fatiguer l'attention de mes lecteurs, je ne leur offrirai ici que le résultat de mon travail à ce sujet.

COURS MOYENS

que devraient atteindre annuellement les 3 pour cent des convertis, pour que, en réalisant à l'une ou à l'autre de ces époques, leur état de situation fut *numériquement semblable* à celui des porteurs de 5 pour cent.

ANNÉES. (1)	Cours des 3 pour cent. fr. — c.
1825 - 1826.	75 - 75
1826 - 1827.	76 - 55
1827 - 1828.	77 - 35
1828 - 1829.	78 - 25
1829 - 1830.	79 - 15
1830 - 1831.	80 - 10
1831 - 1832.	81 - 10
1832 - 1833.	82 - 15
1833 - 1834.	83 - 25
1834 - 1835.	84 - 15
1835 - 1836.	85 - 65
1836 - 1837.	86 - 95
1837 - 1838.	88 - 30
1838 - 1839.	89 - 70
1839 - 1840.	91 - 20
1840 - 1841.	92 - 75
1841 - 1842.	94 - 48
1842 - 1843.	96 - 10
1843 - 1844.	97 - 90
1844 - 1845.	99 - 80

(1) Pour l'exécution de la loi, chaque année commencerait le 22 juin de l'année précédente.

Si, en *réalisant*, à l'une ou à l'autre de ces époques, les convertis vendent au-dessous du taux vénal *correspondant* à cette époque, ils *eprouveront de la perte*;

S'ils vendent à des prix *supérieurs, ils auront quelque bénéfice*; mais il faudrait qu'il fut bien *considérable* pour *compenser* le *desavantage* de faire entrer dans leur calcul, comme résultat numérique, la *privation de leurs jouissances.*

Pour les *véritables* rentiers qui, rarement, en donnant la préférence à ce genre de placement, envisagent au-delà de leur *existence*, il s'en faudrait de beaucoup que, sous cet aspect, la *parité* fut *parfaite.*

Cette *compensation* n'existerait même pas *réellement* pour les capitalistes à *spéculations* qui, généralement, ne s'attachent principalement qu'à des réalisations *promptes* et *renouvellées.*

Ainsi, en vendant, et en *réalisant* à ces taux et à ces époques, les convertis auraient bien *numériquement* un état de situation *comparable* à celui des rentiers 5 pour cent; mais ils éprouveraient encore, *comparativement*, ce *désavantage énorme* d'avoir *capitalisé* des *jouissances* qui, par leur nature, et sur-tout dans leur application à chaque individu, ne peuvent avoir aucune base d'intérêts déterminée et fixe.

Telle est la *perspective vraie* des convertis.

Combien doit donc être grande leur impulsion de *reconnaissance* pour les conseils *fructifères* qu'à daigné, relativement aux conversions, leur donner M. le président du conseil des ministres !

Pour les convertis, quel qu'ait été le mobile de leur conversion, le mot de salut doit être rayé de leur vocabulaire.

Ils ne pourraient maintenant rassembler quelques *débris* de leur naufrage, que s'ils revenaient le moins tardivement possible à *récipiscence*, en rentrant dans le giron qu'ils ont abandonné avec tant d'ingratitude, et qu'en se *rapelant* ces vérités :

Les plus courtes *folies* sont les *meilleures*.

Trop de *tenacité* dans une *fausse direction*, *précipite* presque toujours au *fond de l'abîme*.

Quand on est dans le bourbier, il faut d'abord, sans regarder en arrière, chercher à *s'en retirer à tout prix*.

Ceux des convertis dont *l'unique* faute aurait été d'avoir été dépourvus d'un sens *droit* et *sain* sont à *plaindre*, et sont *dignes* des conseils d'une *expérience* acquise au *foyer des tribulations*, dans des *sentiers bien hérissés d'épines*..

Ceux qui n'ont *cédé* qu'à des *menaces* dont l'effet

leur aurait semblé devoir *détériorer* encore *davantage* leur position, sont malgré leur genre de *faiblesse* également *à plaindre*, puisque ce reproche de faiblesse peut sans doute trouver son *excuse*, non-seulement dans la *force de leur situation*, mais sur-tout dans le soutien de leur famille, de leurs proches, même de leur propre existence.

Quant à ceux qui n'ont *obéi* qu'à des *spéculations préjudiciables aux intérêts de la masse*, ou qui se sont *attelés* au char du *directeur suprême, à joug de fer*, en se transformant en *plats adulateurs*, ou en *seides hebetés*, ils n'ont que ce qu'ils méritent, et il est même *désirable* qu'ils subissent complettement leur sort, pour que, en admettant qu'ils soient *incorrigibles*, ce qui est infiniment *probable*, ils n'aient plus au moins le *moyen* et la *possibilité d'entraver* de nouveau la marche *prospère* de notre belle patrie, *chérie* de tous ses enfants, et que, par *dévouement* autant que par *sentiment*, je porte dans mon cœur, comme la plus *douce* de mes *affections*.

DE LA CONVERSION

des rentes 5 pour cent en rentes 3 pour cent, dans ses rapports avec les rentiers non convertis.

Les *non-convertis*, assez heureux pour n'être pas tombés dans les piéges qui leur ont été tendus, auront sans doute la *générosité* de *pardonner* et *d'oublier* les invectives qui leur ont été prodiguées.

» Les 5 pour cent, (a dit le Moniteur) sont » exclus de la sphère de notre crédit ; ils ne « figurent plus au grand livre que comme *mémoire*, et à titre de renseignement; le véritable « grand livre de la dette publique se compose « dorénavant des 3 pour cent des indemnités, et « des 3 pour cent des conversions....

» Les rentiers 5 pour cent ne seront pas long- » temps à s'apercevoir qu'ils ont payé les frais » de la controverse sur la conversion ; mais au « moins ils ne se plaindront pas d'être restés sans « avertissement. »

Quels *avertissemens* !

Pour être dans la vérité, il suffit de *changer* un seul mot et de dire :

« Les rentiers 5 pour cent ne seront pas long-

« temps à s'apercevoir que, *s'ils eussent convertis,*
« *ils eussent payé les frais de la conversion.* »

» Il est simple (ajoute le journal officiel) qu'à « une époque où on est en général peu disposé « à sacrifier les jouissances du présent à la sé- « curité de l'avenir, la plus forte partie des « rentiers résiste jusqu'au bout à la réduction « des intérêts du capital qu'ils ont placé dans « les fonds publics. »

Cette observation, presqu'arrachée par la force de la position des choses, n'est-elle pas la preuve la plus convaincante que les rentiers cinq pour cent, qui n'ont pas eu la faiblesse de s'attacher au char de M. de Villèle, ont tenu une conduite *sage* et *fructifère*, en ne marchant pas sous ses bannières et sur-tout en n'ajoutant pas grande foi à ses *arrêts* qui heureusement ne sont pas *souverains*, et n'ont aucun genre d'analogie avec ceux de nos *dignes* et *vénérés* parlemens qui n'échappent jamais aucune occasion de maintenir leur *gloire antique*, et d'y ajouter de *nouveaux fleurons*.

« Ceux qui n'opteraient pas pour les 3 pour » cent feront une *folie*, c'est notre opinion. »

Certes ce ne serait pas au moins à eux qu'on pourrait dire avec raison :

Les plus courtes folies sont les meilleures.

Au surplus désirons vivement dans l'intérêt de l'état qu'à la suite de semblables *procédés ministériels* les capitalistes à placemens n'aient pas plus de *mémoire* pour la conduite actuelle du ministère qu'il n'en a pour le *service important* qui, dans l'origine, et sur-tout au moment de la restauration, a été *rendu* par les *rentiers.*

Le journal officiel va plus loin.

« La fortune (dit-il) que plusieurs rentiers ont » faite avec le gouvernement trouve sa source » dans le doublement du capital qu'ils ont originairement fourni. »

Cette assertion *dérisoire* est digne du procédé.

Le journal officiel ferait un reproche aux rentiers français du bénéfice si libéralement accordé à la *cupidité* d'une compagnie d'étrangers !

L'imputation est *odieuse.*

Il s'en faut de beaucoup d'ailleurs que ce prétendu accroissement de fortune soit *reel*; mais en le supposant tel, combien ne se trouverait-il pas *subdivisé* par la circulation ? et lors même qu'il serait applicable aux capitalistes *cosmopolites originaires*, le serait-il aux rentiers qui ont acquis de ces derniers à des prix toujours élevés, même au pair de 100 francs, même au-delà ? N'aurait-il pas été d'ailleurs une dépendance aussi juste qu'indispensable de l'essence du contrat ? L'importance du capital de libération de même que les taux de rachats étaient *variables*; le prêteur courait les chances de la *dépréciation*, pourrait-on *décemment* lui reprocher les chances *d'amélioration* qui par contre lui étaient acquises ?

Et d'ailleurs, si, au moment du danger, il ne se fût pas présenté de capitalistes à placement, de véritables rentiers, pour prendre les rentes livrées à des étrangers, ceux-ci, n'auraient-ils pas manqué à leurs engagemens; le *démembrement* de la France n'aurait-il pas pu être *tenté*, et tous les maux d'une guerre générale, et sur-tout d'une *guerre civile*, n'auraient-ils pas pu nous *accabler* ?

Faudrait-il que de nouveaux capitalistes à placement dussent, pour se mettre à l'abri de semblables reproches, desirer et espérer dans l'avenir des détériorations politiques d'extérieur ou d'intérieur, et *craindre* des améliorations ?

Et c'est ainsi qu'on entendrait *vivifier* notre esprit public ?

Mais c'est trop long-temps nous arrêter sur de semblables questions : la *religion* des chambres et du public les ont *jugées* à leur juste valeur.

Passons à des considérations plus *épineuses*, et pesons, dans toute la *rigueur du droit*, les bases et les conséquences du contrat *primitif*, en ce qui concerne, sur-tout, la direction de la puissance amortissante.

§ Ier.

DE L'EMPLOI

de la puissance amortissante sous l'aspect du contrat primitif.

Dans l'origine, le gouvernement a demandé aux prêteurs, soit une somme de soixante francs, soit une somme de quatre vingt-francs, plus ou moins suivant les circonstances, et leur a assuré en échange un revenu fixe de cinq francs.

Il disait au prêteur :

Jusqu'au moment de ma libération, votre revenu sera *invariable* dans son *importance* et dans ses *échéances* ;

Quand à votre capital, son *importance*, relativement à la libération, sera *variable*, et dépendra des cours établis sur la place, par suite des offres et des demandes qui y seront librement faites.

Pour faciliter ce genre de transaction, et pour y concourir autant qu'il est en moi, j'affecterai annuellement une somme *fixe* et *invariable*, qui sera consacrée aux rachats, faits aux cours des titres qui seraient offerts.

Pour accroitre l'importance de cette affectation, j'y joindrai *annuellement* les revenus des rachats qu'elle aura servi à effectuer; ainsi si mon affectation de rachats est de quarante millions, et si dans la première année les titres que j'aurai rachetés donnent un revenu de trois millions, à la seconde année l'importance de mon affectation à rachats sera de quarante trois millions : à cet effet le trésor, au lieu de payer au public ces trois millions de revenu, les payera à la caisse que je charge d'effectuer les rachats pour libération, de telle sorte que les contribuables, qui auraient dû par le fait du rachat être déchargés de cette dépense de trois millions, continueront à la supporter, comme accroissement *annuel* du capital consacré à rachat pour libération.

Toute fois : je me réserve *d'amoindrir*, suivant les circonstances, cette augmentation annuelle du capital consacré aux rachats pour libération.

Par suite de ces dispositions, vous aurez la faculté d'arriver, à *votre volonté*, à un remboursement, au moins jusqu'à dûe concurrence des fonds de mon affectation ; de la disproportion entre l'importance de ces fonds et l'importance de vos demandes dépendra le prix des cours ; ce sera là une chance d'*éventualité* à laquelle nous devrons l'un et l'autre nous soumettre, toutefois avec cette différence entre nous, que je ne pourrai repousser aucune offre au cours, tant que l'importance de mon affectation ne sera pas absorbée, tandis que vous jouirez, vous, de la faculté de vendre ou de ne pas vendre, et conséquemment, à votre choix, de *rapprocher* ou *de reculer* l'époque de la libération.

Je jouirai en outre (et c'est ici seulement que serait *l'interpretation* plus ou moins forcée du contrat) de la faculté de vous *rembourser* à ma volonté, non plus alors par voie *d'amortissement*, voie dans laquelle vous auriez droit de ne pas accepter ma libération, mais par voie de *remboursement*, voie dans laquelle vous serez forcé de consentir à libération. Cependant je ne pourrai effectuer ce remboursement, qu'en vous remettant *immédiatement* et *matériellement*, pour chaque cinq francs de revenu, un capital de cent francs.

Telles sont, dans toute la *rigidité* du *droit*, et même *d'interprétations* plus ou moins *forcées*, les conditions du contrat.

En acquiessant, sans tirer à conséquence, au droit *rigide*, sur-tout dans ses interprétations et dans ses conséquences, du remboursement et de *l'annihilation* soit des rachats déjà effectués, soit sur-tout des rachats à effectuer, droits prétextés que je crois avoir suffisamment approfondis, je me restreindra ici à deux seuls points encore plus importants pour les rentiers 5 pour cent.

Avait-on le droit, sans dénaturer l'essence du contrat, même en l'interprétant de la manière la plus rigide,

De *suspendre* l'action de la portion de puissance amortissante non annihilée; par suite d'en faire une application autre que son *partage d'emploi*; et enfin de fixer *une limite* au prix des rachats dont *l'éventualité* d'importance dans les deux sens, relativement à l'emprunteur et au prêteur, était l'essence, la *pensée mère* du contrat?

Non, répondrais-je avec la *conviction* la plus *intime*;

Ici le gouvernement, ni même les chambres, ni même le roi, ne jouissaient de ce droit, et ne pouvaient se l'attribuer.

On jouissait du droit d'annihilation; j'y consens, sauf à décider si ce droit portait sur les rachats faits où sur les rachats à faire.

Avait-on intérêt à user de ce droit? Je ne reviendrai pas sur cette importante question que j'ai approfondie.

On jouissait du droit de remboursement, en donnant *matériellement* 100 francs de capital pour 5 francs de revenu; j'y consens encore.

Là se bornerait la possibilité de faire cesser immédiatement les conditions du contrat qui, dans l'origine, et vu la situation d'alors, étaient réellement *convenantes* pour l'emprunteur; mais qui, aujourd'hui, en raison de l'amélioration successive de nôtre position, lui présentent réellement, par comparaison, une *lésion* importante.

Hors de cette voie de remboursement, il n'en existerait d'autre pour *atténuer* la lésion qu'une *substitution* à l'ancien contrat, d'un contrat nouveau *contradictoirement* consenti entre l'état et les porteurs de ses engagements.

Et en effet les titulaires actuels de rentes 5 pour cent pourraient dire :

Il n'a réellement pas dépendu de nous d'obtenir la rentrée de notre capital dans l'intervalle de temps qui s'est écoulé entre la dépréciation de la rente et son élévation au pair ; vos moyens de libération n'étaient pas suffisans pour atteindre promptement une libération générale, sur-tout en raison du droit que vous vous attribuez, suivant nous très-illégalement, d'émettre continuellement de nouvelles rentes en concurrence avec les nôtres, sans créer en même-temps de nouveaux fonds pour leur amortissement; et cela est tellement vrai qu'aujourd'hui même plus des cinq sixièmes de vos émissions attendent votre libération ; nous avons donc jusqu'ici supporté toutes les chances de *détérioration* ; comment pourriez vouloir vous attribuer le droit de nous enlever les chances *d'amélioration* qui en formaient la *compensation* ?

Quoi, si après nos achats à 100 fr. pour 5 fr., le cours de la rente eût baissé à 90 fr. pour 5 fr., nous aurions été forcés, en supposant que nous eussions eu besoin de réaliser, de supporter une perte du dixième de notre fortune, et vous soutiendrez ouvertement que nous ne devrions pas par contre profiter d'une élévation qui pourrait ensuite subvenir dans ces mêmes cours, même au-dessus du pair?

Si vous disposez que les rentes 5 pour cent ne pourront être rachetées au-dessus du pair de 100 fr. pour 5 fr., disposez au moins par contre et en même-temps que les rachats en 5 pour cent ne pourront plus avoir lieu à des cours au-dessous du pair, ou, en d'autres termes, que le gouvernement, ne courant plus de chances d'éventualités de perte, ne devra plus, par réciprocité, avoir des chances d'éventualités de *bénéfices*, et qu'ainsi il substituera à *l'amortissement*, variable dans ses résultats, le *remboursement* fixe au taux de 100 fr. pour 5 fr.

Voici ce que dicteraient l'équité, la loyauté et la justice, et plus encore votre intérêt bien entendu.

Au vrai, votre système de libération est maintenant *batard*; ce n'est plus un amortissement proprement dit; ce n'est plus un remboursement; c'est l'un et l'autre, ou l'un où l'autre, à votre volonté, à votre caprice, et voilà pourquoi *l'arbitraire* dérive de vos dispositions.

Voulant ne plus courir les chances d'une élévation des cours au-dessus du pair, et devant, par contre, ne pas profiter des abaissements des cours au-dessous du pair, vous n'aviez, je le répète, d'autre mode possible que celui de transformer votre mode de libération en un véritable remboursement; c'est-à-dire avec fixation du capital de libération, et d'époque de libération. Les chances des titulaires relativement à ces époques, chances qui eussent été les seules que dès-lors ils eussent dû courir, auraient été fixées par des tirages au sort. C'eut été là pour eux, j'en conviens, une innovation; mais cette innovation se trouvant forcée par cela même qu'en empêchant le rachat au-dessus du pair, et ne pouvant affecter à la libération *totale* que des ressources *partielles* et *successives*, le *sort* devenait le seul moyen juste et possible d'établir le droit d'époque de libération.

Dès-lors: vous eussiez dû, relativement à l'importance *stable* de votre puissance amortissante, la partager entre les 5 pour cent et les 3 pour cent des conversions et des indemnités, dans un rapport *proportionnel* à l'importance du capital nominal à éteindre pour chacun d'eux.

Après ce *partage*, la libération des 5 pour cent se serait effectuée par voie de remboursement au pair, et la libération des 3 pour cent des conversions se serait effectuée par voie d'amortissement avec toutes ses chances.

Quant aux 3 pour cent des indemnités, la justice eût exigé que, après avoir donné aux indemnisés et au convertis une même nature de valeur, assujettie cependant à des évaluations différentes, vous apportassiez des *modifications* convenantes aux dispositions relatives à la libération de ces deux natures de dettes.

Et en effet, les conversions, ayant été *facultatives,* doivent supporter toutes les chances du mode d'amortissement auquel elles se sont soumises.

Les convertis ont perdu une partie de leur revenu, mais ont acquis comme compensation l'espoir d'une augmentation sur leur capital ; ils doivent dès-lors courir relativement à cette compensation toute les éventualités des cours. Voilà leur position. On n'est que juste en les y maintenant et s'y conformant.

Mais il n'en est pas de même des indemnisés : on leur a fait perdre deux cinquièmes de leur revenu en attendant une libération du capital. Toute élévation dans le cours ne peut que diminuer le préjudice sur leur capital, mais ne peut jamais compenser leur perte sur leur revenu, et sur-tout leur procurer un *véritable bénéfice.* Ils se trouvent réellement réduits à la chance de *perdre,* mais seulement de perdre *plus ou moins :* or comme, dans cette *alternative,* il n'y a dans leur perte aucune *compensation,* la justice voudrait que, par des dispositions particulières, on rétablit pour eux l'équilibre ; c'est ce que j'ai taché de faire dans le nouveau plan que je présenterai dans cet ouvrage.

Pour épuiser ce qui concerne les rentiers 5 pour cent, présentons l'importance de l'avantage pécuniaire qu'ils ont eu à ne pas convertir, et à résister *opiniatrement* à toutes les instances et à toutes les menaces qui leur ont été faites à ce sujet.

§ IIe.

DE L'AVANTAGE PÉCUNIAIRE

qu'auront eu les rentiers à ne pas convertir leurs rentes 5 pour cent en rentes 3 pour cent.

Notre libération devrait dans l'état actuel des choses durer

55 Années.

Par chaque 5 fr. de rente, le converti aura perdu un franc de revenu.

Si le rentier non converti mettait *annuellement* de côté ce franc qu'il aurait perdu par conversion, et le faisait valoir en intérêts composés, au bout des 55 années ce franc lui procurerait un capital de

293 francs.

Ainsi pour un droit à un capital de
100 francs.

Le rentier 5 pour cent recevrait pour libération	100 fr.
Pour réserve, avec intérêts composés	293 fr.
Ensemble.	393 fr.
Par conversion il n'aurait reçu que	133 fr.
Sa fortune comparative se trouverait donc augmentée de	260 fr.

Ou, ce qui revient au même, par le fait de sa non-conversion, sa fortune se trouverait au delà de deux fois et demie plus considérable qu'elle aurait été à la suite de sa conversion.

§ III.

RÉFUTATION

d'objections mal fondées qui ont été faites contre quelques dispositions d'exécution de la loi de conversion, relativement à l'emploi de la puissance amortissante.

Le bon La Fontaine a dit avec cet esprit *sain* et *droit* qui le caractérise :

Vaut mieux sage ennemi que sot ami.

Sous certains aspects M. de Villèle pourrait dire avec non moins de raison :

Vaut mieux sot ennemi que sage ami.

En effet, quotidiennement, on entend reprocher au ministère d'avoir occasionné de nouvelles pertes pour l'état, par l'emploi de la puissance amortissante en 3 pour cent au-dessous du taux de leur émission.

Certes, sans descendre dans aucun for intérieur, et seulement d'après l'assurance de M. de Villèle qu'*il joue cartes sur table*, on aurait quelque *tendance* à supposer que ces censeurs maladroits ne seraient que des *zélés déguisés, déjà initiés dans la profondeur de la finesse de leur patron.*

Combien en effet leur genre d'attaque peut dans la réplique donner *beau jeu* à M. de Villèle.

Son principal mérite a toujours été, dans toute discussion *sérieuse*, de s'attacher à des objections *accessoires*, et de peu d'importance, pour en faire le point de centre de la discussion, en ne traitant que *superficiellement* les objections directes qu'il ne pourrait autrement combattre avec quelqu'espoir de succès.

Trop souvent, depuis plusieurs années, des orateurs, d'ailleurs bien intentionnés, l'ont ainsi servi au gré de ses souhaits.

Cherchons donc, autant qu'il est en nous, à *miner* les dégrès de tels triomphes, en présentant la vérité dans toute sa nudité.

Il existe tant d'excellentes choses à dire contre M. de Villèle qu'il serait plus que mal adroit d'y ajouter des reproches douteux ou sujets à une controverse incertaine.

Dans cette discussion ne nous attachons donc qu'à des résultats *materiels* dégagés de l'influence de leurs *conséquences*.

Il résulte du compte rendu par la caisse d'amortissement de ses opérations pendant le mois d'octobre, de novembre et de décembre 1825,

Qu'elle a employé une somme de

18,970,570 fr.

A l'acquisition en rentes 3 pour cent de

843,934 fr.

Ce qui fait ressortir ses rachats au taux moyen de

67 fr. 41 cent. pour 3 fr.

Or, comme l'émission des rentes 3 pour cent a été faite au taux de

75 fr. pour 3 fr.

Et comme à ce taux de 75 fr. pour 3 fr. la dette de l'état en capital était égale à sa dette avant la conversion il est d'une évidence incontestable,

1°. Qu'en supposant même dès le lendemain de l'émission rachat des 3 pour cent, il y aurait dans ce rachat bénéfice matériel pour l'état s'il avait lieu à un taux inférieur à

75 fr. pour 3 fr.

2°. Et que si le rachat à un taux inférieur à 75 fr. pour 3 fr. n'avait lieu qu'à une époque plus ou moins éloignée de l'émission le bénéfice pour l'état s'en trouverait augmenté et deviendrait d'autant plus important que l'époque du rachat serait plus reculée, et conséquemment que la diminution d'un cinquième sur les débours nécessaires pour satisfaire aux arrérages en 3 pour cent, comparativement aux arrérages en 5 pour cent, serait plus souvent renouvellée.

Par suite de ces motifs d'influence, et quoique les rachats faits en 3 pour cent pendant le dernier trimestre de 1825 ne se trouvent assujettis qu'à l'une d'elles, savoir à celle relative au rachat à un taux inférieur à celui de l'émission, puisque, d'après la loi, les convertis continuent à jouir pendant le dernier sémestre de 1825 d'un intérêt de 5 pour cent, il y a nécessairement et évidemment, dans notre spécialité du moment, en raison du rachat au-dessous de 75 fr. pour 3 fr., *avantage matériel* et non pas *perte* pour l'état, ainsi que quelques personnes l'ont avancé aussi faussement que maladroitement.

Voici la logique de ceux qui se livrent à ce genre de critique :

Avec une somme de

18,970,570 fr.

On n'a racheté en 3 pour cent qu'une masse de rentes de

843,934 fr.

Avec ce même capital, on eût racheté en 5 pour cent, au pair de 100 fr. pour 5 fr., une masse de rentes de

948,524 fr.

D'où il résulte, dit-on, que l'amortissement, en

agissant sur le 5 pour cent, et le rachetant au pair, aurait pu éteindre, pendant ce tems,

104,590 fr.

De plus qu'elle n'a fait au profit des contribuables; et cette somme, calculée au denier vingt, offre, seulement pour trois mois, un capital de plus de

2,000,000 fr.

Pour que ce genre de critique pût être admissible il faudrait n'en écarter aucun de ses élémens.

Or ici les	843,934 fr.
de 3 pour cent rachetés avaient, par le seul fait de la conversion, procuré aux contribuables un avantage annuel de	210,983 fr.
De telle sorte que les 843.984 fr. rentes 3 pour cent rachetés représentent réellement en rentes de 5 pour cent	1,054,917 fr.
En diminuant de cette somme les	948,524 fr.
de rentes 5 pour cent qu'on aurait rachetées au pair avec le même capital,	
Il reste, au désavantage du rachat en 5 pour cent, une somme de .	106,393 fr.

Qui représente un capital nominal de

2,127,860 fr.

Le ministre, dans une semblable position, pourrait donc dire raisonnablement et avec vérité à ses critiques :

Vos erreurs sont de plus de 200 pour 100.

En effet vous prétendez qu'il y a *perte* pour l'état d'une somme de plus de

2,000,000 fr.

Cependant, contrairement à cette assertion, le fait matériel prouve qu'il y a *avantage* pour l'état d'une somme de plus de

2,000,000 fr.

Mais, répliquerait-t-on : vous faites entrer dans votre calcul un genre de bénéfice qui était *acquis* par le fait de la conversion. Ce n'est pas ce fait de la conversion en lui-même que nous critiquons pour l'instant; notre critique actuelle se porte uniquement sur le fait de l'emploi de votre puissance amortissante après la conversion *consommée*.

Raisonnablement, de semblables bases ne pourraient être admissibles.

En effet, si l'on veut prendre, comme chose acquise irrévocablement, l'état actuel de la conversion et ses effets, *il faut tout prendre* pour être exact dans le calcul comparatif des rachats de rentes en 3 où en 5 pour cent. Il faut considérer que, si par l'effet de la conversion il y a eu un bénéfice d'un cinquième par la réduction de l'intérêt, il en est résulté une augmentation où une surcharge de capital. Il faut donc, dans ce calcul comparatif, faire entrer l'importance de cette augmentation.

Or, l'amortissement, en rachetant les 843,934 fr. de rentes 3 pour cent, a éteint un capital constitué de . . . . 28,131,133 fr.

Et si les rachats avaient été faits *avec les mêmes moyens*, en rentes 5 pour cent, ils n'auraient absorbé que 948,524 fr. en 5 pour cent, et n'auraient éteint qu'un capital de . . . . , . 18,970,480 fr.

Donc, sous ce rapport encore, les rachats faits en rentes 3 pour cent seraient comparativement avantageux aux contribuables, puisqu'ils leur auraient procuré un bénéfice d'extinction sur le capital, de . . . . 9,160,651 fr.

C'est par ces motifs, et ainsi que je l'ai évidemment démontré dans de précédents ouvrages, qu'en supposant le maintien des 5 pour cent au cours actuel de 98 fr. pour 5 fr., la caisse d'amortissement aurait plus d'avantages à racheter des 3 pour cent, même au prix de 78 fr. pour 3 fr., que de racheter des 5 pour cent au prix de 98 fr. pour 5 fr.

C'est donc à tort, bien *maladroitement*, et en lui donnant beaucoup trop beau jeu sur le terrein de la réplique, qu'on a quotidiennement et jusqu'à *satiété* accusé le ministre d'avoir fait acheter jusqu'ici par la caisse d'amortissement des 3 pour cent, par préference à des 5 pour cent même au pair.

Ce que la caisse d'amortissement a fait en cette circonstance; ou, si l'on va jusqu'à dire que cette caisse, oubliant l'importance de ses devoirs, peut obéir à d'autre influence qu'à celle de sa conscience, ce qu'a fait M. le président du conseil des ministres, il devait le faire, et il aurait été reprochable de ne le pas faire.

Pourquoi donc choisir pour le combat un *sol mouvant*, quand on peut si facilement s'établir avec *confiance* et *assurance* sur des terreins *inexpugnables* ?

DE LA CONVERSION

des rentes 5 pour cent en rentes 3 pour cent,
dans ses rapports avec les indemnisés,

Je ne saurais trop le répéter :

Les conceptions financières de M. le président du conseil des ministres, et plus particulièrement celles qui se rapportent aux indemnités, ont le cachet de *l'incapacité* ou de la *duplicité.*

Le choix *caractéristique* se concentre dans cette *alternative.*

Forcé, par des circonstances indépendantes de ses plans, d'en venir enfin à la proposition d'une indemnité, M. le président du conseil des ministres a voulu profiter de cette nécessité pour présenter *de nouveau* son projet de conversion, qu'on avait précédemment *rejetté.*

C'est cette *agglomération* qui a tout perdu.

Sans doute le projet d'indemnités, presenté *seul* et avec des élémens convenables, aurait par son adoption *atteint* tous les buts.

Mais sans doute aussi le projet de réduction, présenté *seul*, aurait, pour la seconde fois, été *repoussé.*

Ces résultats eussent été *doublement* heureux.

Mais ce n'était pas ce que voulait M. le président du conseil des ministres ;

Les indemnités n'étaient pour lui, en termes vulgaires, qu'un instrument pour tirer les marons du feu.

Qu'après avoir prêté *aide et assistance* les indemnisés fussent *sacrifiés* cela *sans doute* n'inquiétait guère.

D'autres plus *clairvoyans* pourraient même aller jusqu'à prétendre qu'au fonds cela entrait dans le *plan de la réduction*.

A la bonne heure : au moins resterait-il certain que d'après les faits existans et les prévisions ministérielles une telle suspicion ne serait pas totalement dénuée d'appui.

En effet, toutes les promesses faites aux indemnisés n'auront été que des *deceptions*.

Matériellement, ils seraient plus *qu'injustement* traités.

Mais ce qui sans doute serait encore plus *poignant* pour eux, c'est que, se prêtant à ne recevoir, *dans leur position d'assurance*, qu'une espèce *d'aumône*, ils affaibliraient l'opinion maintenaut presque *générale* que leurs réclamations étaient *justes* et *fondées* ; qu'il y avait un intérêt *politique* pour le gouvernement d'y satisfaire ; et qu'ainsi *seulement* pouvait se fortifier *l'espoir* de voir enfin s'opérer la *fusion*, si *désirée* et si *désirable*, de toutes les natures de domaines.

Mieux eût valu, dans une si *belle* position, pourraient leur dire leurs *véritables* amis, ne *rien* recevoir, que de recevoir *mal*.

Dans le fait, les indemnisés auraient du recevoir tout ce qui leur était dû.

Ils auraient pu le recevoir, sans que les contribuables en éprouvassent le moindre *détriment*.

Je le prouverai de *nouveau* dans cet ouvrage.

Mais avant d'arriver à cette démonstration, parcourons succintement les *lésions* de tous genres que *l'agglomération* des mesures d'indemnités et de conversions, les faits existans et les prévisions ministérielles, feront peser sur la tête des indemnisés.

§ Ier.

DE LA CONFUSION

des 3 pour cent des indemnités avec les trois pour cent de la conversion.

En sollicitant *l'approbation* des indemnisés, relativement à *l'agglomération* des mesures de conversion et d'indemnités, M. le président du conseil des ministres avait assuré aux indemnisés que toute la puissance amortissante leur serait *exclusivement* dévolue, et qu'ainsi leur remboursement ne se *prolongerait* pas au-delà de dix années.

Et cependant, par suite des faits existants, et des prévisions ministérielles, le remboursement des indemnisés exigerait un laps de 55 années, temps pendant lequel ils ne toucheraient de revenu que sur le pied de 3 pour cent, et au bout duquel ils s'en faudrait de beaucoup qu'ils eussent encaissé le milliard qu'on a reconnu leur être dû, et au paiement *intégral* duquel le ministère attachait la *fusion* de toutes les natures de propriétés.

Voulant à toute force créer des 3 pour cent, la *justice* et *l'intérêt de l'état* auraient au moins *exigé*,

Qu'on rangeât dans des catégories distinctes les 3 pour cent de la conversion et les 3 pour cent des indemnités ;

Qu'on partageât *proportionnellement* la puissance amortissante, ou au moins qu'on lui assignât des *règles fixes d'emploi* relativement aux trois genres de valeurs qui allaient *concurremment* circuler sur la place.

Cette *juste distribution* aurait été favorable aux indemnisés. M. le président du conseil des ministres l'a *obstinément repoussée.*

L'arbitraire était une mesure favorable à la *conversion* ; l'assentiment ministériel l'a fait *prévaloir.*

Pour la faire *adopter*, il fallait des *prétextes* ;

On disait en conséquence aux indemnisés, que la *confusion* de tous les 3 pour cent était le seul moyen de faire *disparaître* et *oublier l'origine* de leurs titres.

N'était-ce pas *admettre* que cette origine aurait été *honteuse* et *illégitime* !

Une dette aussi *juste* que *politique*, ce sont les expressions royales, aurait pû être *désavouée* par le créancier ou par le débiteur ! L'un et l'autre auraient pu ne pas se trouver *honorés* de son acquittement !

Dans tous les cas, à *l'opinion publique* appartenait *exclusivement* le droit d'établir le *classement*.

Vouloir lui en ôter la faculté était déjà une direction peu digne de la *loyauté* du gouvernement:

Quant à moi, mon *admiration* et mon *profond respect* pour les cœurs réellement français sont trop *affermis* pour me *prêter* jamais à cette *heresie* qu'en *isolant* et laissant en *évidence* la dette relative aux indemnités on aurait *facilite* les moyens de *revenir* sur l'exécution de cette mesure aussi *politique que juste.*

Mais là ne résidait pas l'intention *secrette* des conceptions de M. le président du conseil des ministres : son siége était *uniquement* dans les *bases* des émissions, et dans les *conséquences* de ces bases.

L'émission des 3 pour cent de la conversion était faite au denier *vingt-cinq*, c'est-à-dire à 4 fr. de revenu pour 100 fr. de capital;

L'émission des 3 pour cent des indemnisés était faite au denier *trente-trois*, c'est-à-dire à 3 fr. de revenu pour 100 fr. de capital;

Cette différence dans les bases de l'émission en exigeait nécessairement dans le mode et la marche *de l'extinction.*

La faveur dans ce mode eût dû, ainsi que l'exigeait la justice, *pencher* du côté des 3 pour cent des indemnités.

Par la confusion, on anéantissait cette *faveur*, et on y substituait une *defaveur revoltante.*

On ne peut dire que tel aurait été le but de M. le président du conseil des ministres!

Il y aurait complettement réussi.

Certes les indemnités lui devraient de *ferventes* actions de grâces !

Au moins aurait-il fallu, pour ne pas faire abnégation de tous motifs de *reconnaissance*, d'égards et de civilité, tracer la direction de l'emploi de la puissance amortissante entre les 3 pour cent *confondus* et les 5 pour cent *non-convertis*.

Cela, à la vérité, eût été moins *avantageux* aux 3 pour cent des conversions, qu'on voulait *opiniâtrement* protéger, en *répudiant* d'une manière aussi *absolue* qu'impolitique les 5 pour cent.

Par cela même, M. le président du conseil des ministres devait s'y opposer; effectivement, il s'y est *fortement* opposé, et, malheureusement, *il a atteint son but.*

Tels sont les faits; y en substituera-t-on d'autres? Seront-ils seulement modifiés ?

Les chambres et le public *prononceront.*

A tout évènement établissons ce que la justice exigerait *impérieusement* relativement à une *restriction* à modification.

§. II.

Des bases

du partage de la puissance amortissante que la justice reclame particulièrement *en faveur des indemnisés.*

Pour faire le partage d'application d'une puissance amortissante entre des 3 et des 5 pour cent, d'après la *comparaison* de leurs taux vénaux et nominaux, et du rapport de leur revenu, on peut se baser soit uniquement sur leur existence de fait, quelle qu'en soit l'origine, soit sur les données de cette origine.

C'est ainsi qu'en principe général j'ai prouvé qu'il y aurait un *égal* avantage pour les contribuables à racheter au cours vénal de 80 francs pour 3 francs des 3 pour cent, quelle qu'en soit l'origine, ou à racheter, au cours vénal de 100 francs pour 5 francs, des cinq pour cent, quelqu'en fut le taux d'émission.

Mais dans notre espèce nous avons deux origines distinctes de 3 pour cent, et les bâses de ces origines sont tellement dissemblables que, en les *agglomérant*, relativement à l'action de la puissance amortissante, on *léserait* les 3 pour cent des indemnités, en même temps qu'on *favoriserait* les 3 pour cent des conversions.

On voit dès-lors combien la conservation des types d'origines, sous l'aspect des rachats des 3 pour cent des indemnités et des 3 pour cent de la conversion aurait été *juste*.

En les *confondant*, et en *anéantissant* leur type d'origine, on fait perdre aux indemnisés vingt pour cent sur le capital de leur créance, et on leur occasionne sur leurs revenus légaux une perte qui en capital seulement s'élèvera à

. 497 millions.

De telle sorte qu'en définitif l'encaissement pour les indemnisés, de leur créance au capital d'un milliard, se réduirait à moins de trois cent millions.

Et tout cela uniquement dans l'intérêt de l'*agiotage*.

Et ce seraient des imaginations françaises qui auraient *enfanté* ou *nationalisé* de tels résultats!

Ce serait un ministère de Charles X qui en aurait proclamé les bases, en assurant que la *fusion* de toutes les natures de propriétés ne pourrait avoir lieu qu'autant que *l'acquittement* de la dette des indemnités serait *intégral !*

Serait-ce un rêve !

Notre intelligence aurait-elle *rétrogradé* dans le rapport *inverse* de la marche *rapide* et *prospère* de notre état de *civilisation !*

NON.

Nous *écarterons* les faux systèmes qui finiraient par nous perdre ; nous prouverons à l'Univers que nous sommes restés *dignes* de la haute *réputation* que nos lumières, notre persévérance, et nos nobles et honorables efforts nous ont si justement acquise ; et la France, délivrée de l'influence de ses perfides conseillers, reprendra sa véritable place parmi les nations.

§. IIIe.

Importance de la déception *relative à la promesse faite aux indemnisés d'une* prompte libération.

Les intentions de M. le président du conseil des ministres auraient-elles jamais été *franches* envers les indemnisés !

Je n'ai cessé de déclarer que quant à moi je faisais bien plus que d'en *douter*.

Malheureusement, le fait est aujourd'hui bien *avéré*.

En effet,

En reconnaissant que la créance des indemnisés s'élevait en capital à un milliard ;

Toutefois en ne leur donnant, en attendant libération, qu'un revenu de 30 millions ;

En confondant les 3 pour cent accordés en paiement des indemnités au taux de 100 fr. pour 3 fr. avec les 3 pour cent émis pour conversion au taux de 75 fr. pour 3 fr. ;

En paraissant ne pas douter que la conversion aurait sa *pleine* exécution, par cela seul que les rentiers 5 pour cent entendraient *inévitablement* trop bien leurs intérêts pour ne pas *adopter*, avec la plus *vive reconnaissance*, une mesure qui, à la vérité, devait leur faire *perdre* un *cinquième* de leur revenu, mais qui, par *compensation*, pourrait augmenter leur capital d'un *tiers*;

En enlevant à *l'importance* de la puissance amortissante la propriété de *progression croissante* qui, dans ce système de libération, le distingue *particulièrement*, et est pour les prêteurs l'un des *appats* les plus *efficaces*;

En la réduisant ainsi à une *fixité* de 77,503,204 francs;

En assurant enfin aux indemnisés, avec une apparence de bienveillance ou de *protection*, que, ne devant trouver dans aucune augmentation de capital aucune compensation de la perte des deux cinquièmes de leur revenu, ils trouveraient cette compensation dans une prompte libération dont la durée n'excéderait pas dix années;

M. le président du conseil des ministres n'a-t-il pas donné à la malveillance le prétexte de supposer qu'il aurait voulu *tromper* les indemnisés, par la supposition de tels élémens de *sécurité*, ou se moquer d'eux, en les rangeant,

Soit dans la catégorie de ceux dans la tête desquels un sens droit et sain n'aurait jamais trouvé place;

Soit dans la catégorie de ceux chez lesquels la *cupidité* étouffe tous les sentimens d'honneur;

Lorsqu'il enlevait à leurs rentes, sans doute aussi par *bienveillance*, leur type d'origine;

Lorsque, délivrées à 100 fr. pour 5 fr., il les confondait avec des 3 pour cent délivrés à 75 fr. pour 3 fr.;

Et lorsqu'en même-temps, par suite d'autres impulsions, il assurait que la masse des 3 pour cent, provenant des conversions, en circulation sur la place, dépasserait, dans une grande disproportion, la masse des 3 pour cent des indemnisés!

Réellement, on croit rêver lorsqu'on lit dans le journal officiel les *absurdités* à l'aide desquelles *on* a cru, sans interruption, pouvoir *fasciner* sur ces points les yeux des indemnisés, et obtenir ainsi leurs suffrages qui étaient *indispensables* pour autre cause;

« Les 3 pour cent se composeront » (lit-on dans ce journal) « dès la première année, des » rentes converties » (24 millions) « et des 3 » millions de l'indemnité qui n'auront pas été ra- » chetés par la caisse d'amortissement; ils s'accroî- » tront d'une pareille somme de 3 millions dans » chacune des quatre années suivantes. »

Autre part M. le président du conseil des ministres avait dit que, avec les 77,303,204 fr., auxquels il réduisait l'amortissement, on ne pourrait racheter qu'environ 3 millions de rentes;

Que deviendraient dès-lors les 24 millions des 3 pour cent de la conversion?

Faudrait-il aussi les traiter comme les 5 pour cent?

» Ne les plus faire figurer au grand livre que » pour mémoire et à titre de renseignement!

Et d'ailleurs comment serait-il possible d'acheter exclusivement des 3 pour cent provenant d'indemnités, lorsqu'on les confond de telle manière qu'on leur ôte leur type et toute possibilité d'en distinguer l'origine?

Il est donc certain, puisqu'il y aura la première année trente millions de 3 pour cent en circulation, (24 millions de conversions et 6 millions d'indemnités) et puisqu'il ne pourra en être racheté que 3 millions au plus, ce qui fait le dixième de la masse, que *proportionnellement* les six millions de rente des indemnités ne pourraient même pas être *annuellement* diminués de six cent mille francs, puisque cette diminution irait continuellement en décroissant, et qu'ainsi au bout de 5 années, loin qu'il y en ait 15 millions de remboursés, comme l'annonce M. le président du conseil des ministres, il n'y en aurait même pas trois millions, de telle sorte qu'il en resterait sur la place plus de 27 millions au lieu de 15 qu'annonce M. le président du conseil des ministres.

Ce désavantage comparatif serait encore bien plus prononcé pour les indemnisés, si cette autre assertion de M. le président du conseil des ministres se réalisait;

Voici ce qu'il dit sur l'emploi des 30 millions de revenu accordés aux indemnisés :

« Il est évident pour ceux qui savent apprécier
» la situation des personnes entre lesquelles cette
» somme sera distribuée qu'il en paraîtra tout au
» plus la moitié sur la place, que les achats de la
» caisse d'amortissement feront facilement dispa-
» raître. La part est faite de ce côté. »

Il n'existerait donc en concurrence sur la place la première année que 27 millions;

Or, comme il en serait racheté 3 millions, ce qui formerait le neuvième de la masse,

Il s'en suivrait que la part *relative* des indemnités ne serait que de

333,333 fr.

Somme qui annuellement irait en décroissant;

Et qu'ainsi, au bout des cinq années, il y aurait à peine en rentes d'indemnités remboursées,

1,666,666 fr.

Et non pas 15 millions ainsi que le prétend M. le président du conseil des ministres.

Ce premier genre de déception ne formant pas encore un appât *suffisant* pour accaparer les indemnisés, M. le président du conseil des ministres a dû avoir recours à l'appât *additionnel* de l'augmentation du cours vénal qui, arrivé au pair, n'occasionnerait plus *au moins* pour les indemnisés de perte sur leur capital.

Nous allons parcourir ses assertions *à ce sujet.*

§. IV.e

Des assertions

de M. le président du conseil des ministres, pour faire espérer aux indemnisés une élévation du cours vénal des 3 pour cent qui puisse au moins diminuer *leur perte sur le capital qu'ils devraient toucher* intégralement.

Voici ce que dit M. le président du conseil

des ministres, relativement aux 3 pour cent confondus :

» Ce fonds sera désormais le régulateur du cré-
» dit public.

« Il va donc attirer toute la sollicitude des dé-
» fenseurs des intérêts généraux.

» D'ailleurs le gouvernement lui en doit une
» toute particulière, et fondée sur un motif élevé
» de justice.

» Il livre au pair des 3 pour cent en payement
» de l'indemnité. Il s'impose par cela même l'o-
» bligation d'élever le cours des 3 pour cent par
» tous les moyens qui sont en son pouvoir. »

Approfondissons chacun des argumens que présente M. le président du conseil des ministres pour *prophétiser* une élévation sur le cours vénal des 3 pour cent confondus.

Mais avant tout, pour ne pas tirer trop avantage de la position de cette discussion, écartons l'aspect des événemens actuels *d'intérieur* et *d'extérieur*, qui déjà ont fait *rétrograder* les 3 pour cent a près de 60 francs, et ont sur-tout mis dans une fâcheuse évidence la *répudiation* presque générale de cette nature de valeur, et le *desenchantement* le plus *absolu* des fervens les plus *exaltés*.

Ier. Argument

pour la hausse

des 3 pour cent.

M. le président du conseil des ministres donne comme premier motif de *hausse* des 3 pour cent,

» L'action des capitaux étrangers qui continue-
» ront de venir chercher dans la rente le placement
» temporaire et définitif le plus sûr, le plus pro-
» fitable, le plus commode, celui auquel, sous
» les trois rapports, nul autre ne peut être com-
» paré. »

S'il s'agit des 5 pour cent, à la bonne heure; j'acquiesce à toutes ces propositions.

Mais pour les 3 pour cent; qu'elle énorme différence dans leurs résultats!

» Le plus *sûr*; »

Je vous le passe, *pas plus sûr* néanmoins que les 5 pour cent.

» Le plus profitable; »

C'est là que réside la question : dans 55 années nous pourrons seulement être définitivement assurés si c'était là, ou si ce n'était pas là une *panacée*.

» Le plus commode; »

» Bien certainement, *non*, car, jusqu'ici, ce n'est qu'avec grande peine qu'on a pu parvenir à se *débarrasser* de cette valeur, et a en obtenir une réelle circulation.

» Veut-on, » (Dit encore M. le président du conseil des ministres) » Apprécier l'énergie d'un » tel lévier? l'exemple est là sous nos yeux, c'est » en moins de sept ans que 1,500,000,000 francs, » ont été apportés au trésor, en échange de « rentes ».

C'est vrai; c'était là une véritable poule aux œufs d'or : vous l'avez *sacrifiée* au moment ou elle vous présentait le plus d'avantages.

» — En échange de rentes aujourd'hui clas- » sées, dans la possession desquelles les proprié- » taires n'éprouvent d'autres appréhensions que » d'en être chassés.... ».

Chassés !

L'expression est aussi peu civile que politique.

» — Que d'en être chassés par le rembourse- » ment, et certes, dans le temps où s'est présenté

» ce capital imposant, la rente était moins con-
» nue. »

Oui ; on ne se doutait pas que la rente serait un jour altérée dans son revenu et dans son fonds d'amortissement :

Elle était moins connue !

D'ailleurs, oublieriez vous que, abstraction faite de toute autre circonstance, il est un terme à tout, et que les meilleures ressources finissent par *s'épuiser.*

Il me semble entendre un homme bien portant dire :

Puisque j'ai bien dîné hier *une fois*, je dînerai bien *deux fois* aujourd'hui, je dînerais bien *trois fois* demain, et ainsi de suite, *crescendo.*

» — La rente était moins connue, la France
» moins riche, ses affaires moins prospères, moins
» rassurantes au dehors, »

Plût à Dieu qu'il en fût ainsi !

» Une vaste perspective ne s'offrait pas à toutes
» les espérances. »

On aurait pu sans doute se flatter de cette *perspective*, si la tentative de réduction n'eût pas existée, et si, pour se reposer enfin de ses *importans* et *fructifères services*, M. le président du conseil des ministres se fût fait *oublier*, en se retirant *volontairement* et de *bonne grâce*.

D'ailleurs, comment M. le président du conseil des ministres peut-il présenter avec confiance aux indemnisés, comme motif d'amélioration pour eux, cette supposition de *hausse*, sans se mettre en contradiction avec les conséquences directes de ses propres citations ?

Voici ses expressions.

» Pendant toute la durée des guerres de la ré-
» volution, le taux des cinq pour cent était en An-
» gleterre » (à cette époque, cette valeur n'avait
» pas encore été réduite.) » De 96 fr. environ,
» celui des 3 étant à 60 fr. »

D'où il résulte que le *maximum* des rachats de nos 5 pour cent étant fixé à 100 francs pour 5 francs, le cours des 3 pour cent ne devrait pas *proportionnellement* dépasser 62 francs 50 c.

Ainsi sous ce rapport les indemnisés, après avoir perdu deux cinquièmes sur leur revenu, perdraient encore 37 pour cent sur leur capital;

Tels seraient pour eux les résultats des propositions indirectes de M. le président du conseil des ministres.

IIe. Argument

pour la hausse des 3 pour cent.

La raison que donne M. le président du conseil des ministres pour établir que l'on donnera la préférence aux 3 sur les 5 est *curieuse* en cela surtout qu'elle prouve que M. le président du conseil des ministres, en présentant une nouvelle assertion, *oublie* totalement ses assertions précédentes, et les regarde complettement comme non avenues.

» Ceux qui ont aujourd'hui un placement à faire, » et ne sont pas précédemment engagés dans aucuns » fonds, ont à prendre l'un des deux partis, ou » d'acheter au-dessus du pair un effet qui peut » leur être remboursé au pair. »

D'acheter au-dessus du pair !

La crainte du remboursement à 100 francs, n'influera donc pas en baisse sur le cours vénal des 5 pour cent au-dessus de 100 francs.

» Qui peut leur être remboursé au pair, mais » qui leur produit cinq pour cent d'intérêt, ou » d'en acheter un qui, d'ici à plusieurs années, leur

» accordera au moins deux pour cent d'augmen-
» tation sur le capital, mais qui ne leur produira
» que 4 pour cent; comme on le voit ce raisonne-
» nement tant répété, *j'aime mieux cinq que quatre*,
» serait ici en défaut, et, pour qu'il devint applica-
» ble, ce serait aux 3 pour cent qu'il faudrait
» l'adresser; car enfin si on place dans les 3 pour
» cent, on trouve, soit en intérêts, soit en aug-
» mentation de capital, 6 pour cent de son argent,
» tandis qu'on n'en a plus que 4, si on achète
» à 101 fr. des 5 pour cent, et qu'on soit rem-
» boursé au pair dans un an.

En plaçant en 3 pour cent, on trouvera un intérêt de 6 pour cent de son argent!

Mais qui donc paye les intérêts de tous les placemens sur rentes de quelque nature qu'elles soient?

Ne sont-ce pas les contribuables!

M. le président du conseil des ministres l'aurait-il *oublié!*

Aurait-il sur-tout oublié qu'il a proclamé avec *emphase* que les conversions seraient *souverainement avantageuses* aux contribuables puisqu'ils n'auraient plus à payer que 4 pour cent d'intérêt au lieu de 5.

Et maintenant M. le président du conseil des ministres déclare que les contribuables auraient à payer 6 pour cent d'intérêt au lieu de 5.

D'où il résulterait *évidemment* que la conversion, au lieu d'être *avantageuse* aux contribuables, leur serait au contraire *préjudiciable*.

Il est donc d'une *évidence absolue* que, par la combinaison de ses élémens, M. le président du conseil des ministres s'est placé dans un cercle complettement *vicieux*.

S'il veut faire espérer une *amélioration* à l'une des parties, il faut qu'il avoue que les autres parties sont *lésées*.

Le *mieux* de ses plans serait que quelques unes d'elles fussent lésées aux dépens des autres.

Pour lui, il y a *mieux* encore.

Toutes les parties sans nulle exception seront *lésées*.

Cela à l'air d'un paradoxe; car, généralement, quand quelqu'un *perd*, il faut bien que quelqu'un *gagne*.

Quel sera donc ce quelqu'un qui gagnera *exclusivement* à tous, et *aux depens* de tous ?

L'AGIOTAGE.

Telle est en réalité *l'idée mère* des conceptions financières de M. le président du conseil des ministres. C'est à ce point de centre que se *rattachent*, ou plutôt *s'enchainent* toùs ses élémens.

Si ce genre de gloire plaît à M. le président du conseil des ministres, qu'il le savoure à loisir, mais qu'au moins il ne *persiste* plus à vouloir, malgré nous, *améliorer* nos intérêts.

Notre *incapacité* peut être grande, avouons le, si cela peut lui être *agréable*; mais quels que *minces* que puissent être nos moyens, nous saurons bien toujours nous faire à nous même *plus* de *bien* qu'il nous en fait, ou, pour parler plus *exactement*, nous faire *moins* de *mal* qu'il nous en a fait jusqu'ici, et que, malgré la *roideur* de notre *résistance*, et *au scandale de tous*, il continue de nous faire.

En définitive,

Comment les indemnisés pourraient-ils accorder plus long-temps leur *appui* à celui qui les a traités d'une manière si *injuste* et si *deloyale*, et dont toutes les assertions ne sont que des *forfanteries*, ou des *gasconnades* ?

N'a-t-il pas dit avant le 6 août,

» Le *résultat* de la conversion est *assuré.* »

Na-t-il pas ajouté après le 6 août,

« Nous le proclamons hautement, la conversion,
« telle qu'elle a été opérée, fait disparaître tous les
» inconvéniens de la situation dans laquelle l'é-
» mission des rentes de l'indemnité, et l'arrivée
» des 5 pour cent au pair, avaient placé le trésor :

Pour repousser l'évidence de la fausseté de ces assertions, M. le président du conseil des ministres viendra-t-il de nouveau dire :

» Je réponds, comme celui à qui on niait le
» mouvement :

» Je marche ; je trouve à *emprunter* à 4 pour
» cent. »

. . . .

Sous l'aspect de la *vérité*, la citation n'est pas *heureuse*.

. . . . .

Le *fait*, plus encore que les raisonnemens, ont prononcé sur ces *vanteries*.

. . .

A l'œuvre on connaît l'ouvrier.

§ V.

De l'accroissement

des pertes des indemnisés si la conversion se fût complettée et si l'élévation du cours vénal des 3 pour cent eût porté le prix des rachats au taux moyen entre le pair et le taux d'émission.

Si la mesure de conversion eût eu sa pleine exécution, les rentes converties se fussent élevées à . . . . 127,981,650 fr.

Y joignant les 3 pour cent des indemnités, ... 30,000,000 fr.

La masse en 3 pour cent aurait été de . . . . . . 157,981,650 fr.

Représentant au taux moyen de 87 fr. 50 c. pour 3 fr. un capital de

4,608,000,000 fr.

Qui, avec la puissance amortissante réduite n'aurait pu, par le rachat moyen, se trouver absorbé qu'en

59 année, 5 mois, 12 jours.

Il y avait donc plus que de *la hardiesse*, c'était une *raillerie*, que d'annoncer aux indemnisés qu'ils seraient libérés en 10 années, tandis qu'ils ne pouvaient réellement l'être qu'en près de 60 années.

Dans une telle circonstance les indemnisés calculateurs et perspicaces auraient pu dire à M. le le président du conseil des ministres, si l'objet n'eût par lui-même présenté tant de gravité :

Nous allons, *nous*, vous donner une preuve *évidente* et *incontestable* de notre *désintéressement*, de notre *devouement*, et de notre *tendance* à concourir à la prospérité de l'état.

Vous nous devez un capital d'un milliard ; nous vous faisons remise des trois quarts de ce capital ; payez-nous immédiatement 250 millions, nous vous tenons quitte du reste, et nous vous donnons quittance *entière*, *absolue*, et *definitive*.

Certes c'eût été pour M. le président du conseil des ministres un bon prétexte de faire proclamée comme infaillible sa prépondérance et son influence sur la [illegible], [illegible] des corps de l'état, au moins des indemnisés, [illegible]

Certes aussi, c'eût été pour les indemnisés une preuve évidente d'un sens droit et sain qui leur aurait rappellé cet ancien adage de tous les temps ;

[illegible]

Un tien vaut mieux que deux tu auras.

[illegible]

Toutes fois une preuve encore plus évidente, et plus digne d'eux, d'un sens droit et sain, eût été,

De tout refuser pour l'instant, en raison de l'inconvenance du moment et des résultats inévitables de la [illegible] de direction, de se déterminer dès ce moment à un combat d'outrance, et d'en attendre l'issue avec confiance et sécurité, pour espérer utilement d'obtenir enfin pleine justice.

[illegible]

DE LA CONVERSION

des rentes 5 pour cent en rentes 3 pour cent,
sous l'aspect des inégalités
de la justice distributive
entre
les indemnisés, les convertis, et les non convertis;
par suite des conceptions ministérielles.

Il est important d'établir quelle serait *finalement*, en supposant dans le principe *égalité* de fortune, la fortune des indemnisés, la fortune des convertis, et la fortune des non convertis.

Supposons qu'un indemnisé, qu'un converti, et qu'un non converti, mettent dans une caisse *commune*, pour les y laisser jusqu'au dernier moment de la libération de notre dette rentière, une portion de leurs rentes, représentant un capital réel de

6,508 fr.

Supposons que le revenu de ces rentes soit annuellement versé dans la même caisse, pour y fructifier chaque année en intérêts composés.

On demande quel sera à l'achevement de la libération la fortune, *proportionnelle à leur capital primitif*,

de l'indemnisé,
du converti,
et du non converti.

Des calculs appropriés à la solution de cette question prouvent que ces fortunes *respectives* seraient ainsi qu'il suit :

Les indemnisés,
62,652 fr.

Les convertis,
83,443 fr.

Les non convertis,
100,000 fr.

Ou, ce qui revient au même, qu'en prenant finalement la fortune des non convertis pour unité, la fortune des indemnisés et celle des convertis, qui, *primitivement* auraient été l'une et l'autre égales à la fortune des non convertis, éprouveraient en définitive dans leur importance, *comparativement* à celle des non convertis, une *perte* dont l'expression serait ainsi qu'il suit :

Pour les convertis,
de 16 et demi pour cent.

Pour les indemnisés,
de 37 1/3 pour cent.

Quelle inégalité de répartition !

Quelle *justice distributive !*

M. le président du conseil des ministres aura par ses *promesses*, par ses *flagorneries*, par ses *menaces*, deçu tout le monde, les indemnisés, les contribuables, les rentiers.

Se serait-il au moins procuré quelque satisfaction ?

S'il en était ainsi, combien l'état aurait payé chèrement ce résultat !

Mais si M. le président du conseil des ministres finissait lui-même par se trouver déçu, et par avoir à ce sujet des actions de grâces à rendre aux *inevitables !*

Certes, à l'aspect d'un tel revers de la médaille, les *ruinés*, sans oublier leurs désastres, pourraient dire, comme bien faible soulagement :

QUI MAL VEUT, MAL LUI VIENT.

DE LA CONVERSION

des rentes 5 pour 100 en rentes 3 pour 100

sous l'aspect

des conséquences qui dérivent de la concurrence sur la place de valeurs de même nature, mais à taux différents d'intérêts,

et, par suite,

discussion sur le crédit, et influence de notre conversion sur la tentative de nouveaux emprunts.

Lors de la discussion de son projet de conversion, M. le président du conseil des ministres a présenté comme *motif de crédit* la concurrence sur la place de rentes à divers taux d'intérêts.

Voici les raisons qui m'ont toujours fait *combattre* cette opinion.

Pour bien apprécier *l'existence* du crédit, il faut commencer par écarter ses enveloppes, et, pour ainsi dire, le mettre à nu.

Parce qu'un emprunteur quelconque, gouvernement ou particulier, trouve des prêteurs, dira-t-on pour cela qu'il a du crédit?

Avant de prononcer, il faudrait d'abord bien peser les conditions du prêt.

Autrement, comme depuis plusieurs années, et dans presque tous les gouvernemens du globe, les emprunts, que beaucoup d'enthousiastes n'envisagent qu'avec vénération, sont presque devenus un objet de mode, on pourrait à la rigueur dire que le crédit est maintenant inhérent à tous les états sans distinction.

L'Espagne, à la vérité, ne trouve pas pour l'instant à emprunter, mais que demain elle reconnaisse l'emprunt des cortès, et prenne des arrangemens avec ses colonies, et immédiatement, malgré sa gêne et sa pénurie momentanées, aussi réelles que détériorantes, elle aura à ses pieds tous les trésors disponibles de l'Europe.

A quel taux? sous quelles conditions?

Voilà ce qu'il faudrait bien peser avant de prononcer si ce serait réellement là l'effet d'un *véritable* crédit.

Un usurier vend à crédit à un fils de famille, mais à des prix très-élevés, des objets qu'il rachète presqu'immédiatement pour peu de chose. Dira-t-on que ce soit là les fruits du crédit?

Mais nous écartant de ces généralités, déjà, toutefois, d'une importance a sez majeure, puisquelles peuvent empêcher de se méprendre sur l'existence *réelle* ou seulement *supposée* de ce à quoi on donne communément le nom générique de crédit, approfondissons les circonstances qui accompagnent les emprunts, nés, soit du crédit, soit de l'agiotage.

Quand les gouvernemens n'ont encore qu'un crédit naissant, les objets sur lesquels ils empruntent doivent avant de se disséminer dans la masse des capitalistes à *placement* passèr dans les mains des capitalistes à *spéculation*.

Ceux-ci font toujours leur thême, et au fond on ne peut leur en savoir mauvais gré, puisque c'est-là leur genre d'industrie et *de capacité*, font dis-je leur thême de manière à avoir un bénéfice assurée et sur-tout promptement réalisé.

Cette combinaison est pour eux d'autant plus salutaire qu'ils savent, ainsi qu'en sont bien convaincus tous les capitalistes expérimentés, prudents et sages, que les petits bénéfices, qui se répètent souvent, et se réalisent promptement, sont infiniment plus profitables et moins chanceux que les perspectives importantes dont la réalisation nécessite un long laps de temps.

Dans la succession des évènemens financiers des

états, il est des époques où se rencontrent réunis toutes les circonstances favorables aux emprunts.

C'est ainsi qu'en 1816 les emprunts, que bien des personnes regardaient comme d'une exécution si difficile, se sont cependant remplis comme par enchantement.

On empruntait sur des valeurs qui réunissaient les deux genres d'appats les plus attractifs pour les *spéculateurs* et pour les *capitalistes à placement*.

Ces valeurs étaient données à un taux vénal bien *inferieur* à leur taux nominal, et procuraient en outre un taux d'intérêt bien plus *élevé* que le taux de l'intérêt *légal*.

Les *spéculateurs* qui voyaient entre le taux d'émission et le taux nominal une *difference* de quarante pour cent étaient fondés, dans tous les ordres raisonnables des probabilités, à croire à une prompte *élévation* qui leur procurerait un *bénéfice assuré* et *important*.

Le *capitaliste à placement*, dont le revenu se trouvait augmenté par un tel genre de placement, devait donner à ses fonds disponibles ce genre de direction.

Tous les intérêts se trouvaient donc réunis pour que ces emprunts se réalisassent, et pour que des capitalistes à *placement* se substituassent aux prêteurs *primitifs*.

Si donc on n'eût pas mis en *concurrence* sur la place des valeurs à divers taux d'intérêts, on aurait continué à trouver à emprunter sur des cinq pour cent, en les livrant toutefois à un taux quelque peu inférieur à celui de la place, et l'*importance* de ces nouveaux emprunts n'aurait eu alors d'autres limites que le *niveau* qui forcément s'établit toujours entre la masse des rentes en circulation et les fonds qui doivent les représenter.

Mais aujourd'hui, qu'on a créé avec profusion des valeurs à taux d'intérêts différens, nous ne devons plus nous flatter de la possibilité d'aucun emprunt.

C'est ce que je vais m'attacher à prouver.

Voici ma proposition.

Notre conversion anéantirait toute possibilité de nouvel emprunt, ou au moins les entraverait considérablement.

Ces nouveaux emprunts pourraient avoir pour objets soit le remboursement des 5 pour cent, soit des besoins nécessités par la *position difficile* et *critique dans laquelle l'Europe s'est laissé entraîner.*

Sous ce dernier aspect, l'exécution des conceptions financières de M. le président du conseil des ministres serait une nouvelle *calamité.*

Mais en même-temps sous le premier aspect, et abstraction faite de tous ses autres inconvéniens, notre conversion parerait à une grande *injustice.*

C'est en ce sens, et avec le sentiment le plus profond de conviction, que je n'ai cessé de dire aux rentiers, et que je leur répète aujourd'hui de la manière la plus *positive*, de ne *s'effrayer* nullement de toute *menace de remboursement.*

Traitons dans leur généralité, et dans leur application à notre espèce, ces propositions d'une haute importance.

Lorsqu'un prêteur, quel qu'il soit, se détermine à prêter à un taux d'intérêt *inferieur* au taux de l'intérêt *légal*, c'est parce qu'il trouve dans les accessoires du prêt une *compensation* matérielle ou de conséquence de la diminution de revenu à laquelle il se soumet.

Dans notre réduction, la compensation de la perte sur le revenu est une augmentation sur le capital.

D'abord la perte sur le revenu est *absolue*, tandis que l'augmentation du capital est *éventuelle*.

En second lieu, le rapport de la compensation est *variable*, et dépend non seulement de l'époque qu'on choisit pour l'établir, mais encore du taux des rachats à cette époque.

Comme conséquence, sous l'aspect des prêteurs, ce résultat de la compensation peut être, suivant les circonstances, soit de *parité*, soit *désavantageux*, soit *avantageux*.

Le prêteur doit donc faire entrer tous ces élémens dans ses *combinaisons*.

Dès lors les calculs propres à *influencer* sa détermination comprennent deux series ; l'une à résultat *variable* et *chanceux*, l'autre à résultat *fixe* et *absolue*.

Par suite la masse des prêteurs se divise en deux catégories :

Ceux qui nécessairement, et en supposant même toutes les circonstances les plus favorables, doivent être définitivement lésés :

Ceux qui courraient ces trois chances, soit *lésion* soit *pair*, soit *avantage*.

Le rapport entre les masses numériques de ces deux catégories serait *variable* et dépendrait *prin-*

cipalement de l'importance de la puissance amortissante, et *secondairement* du prix plus ou moins élevé des rachats.

Si la puissance amortissante était plus *faible*, et si le prix des rachats était plus *élevé*, la masse numérique des *perdans* augmenterait, tandis que la masse numérique des *gagnans* diminuerait.

Si la puissance amortissante était *plus considérable*, et si le taux des rachats était *moins élevé*, la masse des *perdans* diminuerait, et la masse des *gagnans* augmenterait.

Comme ce rapport entre la masse numérique des gagnans, et la masse numérique des perdans, résulterait principalement de *l'importance* de la puissance amortissante, la direction du résultat dépendrait jusqu'à un certain point de celle des deux parties contractantes qui pourrait faire la *loi* à l'autre.

Le prêteur pourrait faire la loi, si la masse des rentes en circulation dépassait les capitaux qui y seraient consacrés.

L'emprunteur pourrait faire la loi, si la masse des capitaux consacrés aux rentes dépassait la masse de cette valeur en circulation.

Si c'était le prêteur qui fît la loi, il exigerait que la puissance amortissante fût assez *importante* pour *amoindrir* et même *annuller* la masse des prêteurs devant obtenir une *lésion assurée*,

Si c'était l'emprunteur qui fit la loi, il *diminuerait* autant que possible *l'importance* de la puissance amortissante, parcequ'il *augmenterait* dans le même rapport la masse des perdans comparativement à la masse de ceux *éventuellement* gagnans.

Se fondant sur l'application de ces principes généraux à notre espèce, on peut assurer qu'il *n'existera pas d'emprunt pour les remboursemens des 5 pour cent.*

D'abord, admettant même la possibilité d'un tel emprunt, on devrait se demander si dans cet emploi il y aurait avantage pour les contribuables.

Or déjà nous avons prouvé que sous ce rapport, en partant d'une émission à 75 francs pour 3 francs, et en adoptant les prévisions ministérielles, il y aurait dans cette direction, dès la cinquième année, perte pour les contribuables, et, définitivement, l'importance de leurs pertes serait six fois plus considérable que l'importance de leurs bénéfices.

Ainsi même en supposant que pour rembourser les 5 pour cent il y eût possibilité d'emprunter sur des 3 pour cent donnés à 75 francs pour 3 francs, il y aurait pour les contribuables un désavantage pécuniaire très-important à consommer cette *révoltante* injustice, aussi réprouvée par ses conséquences que par sa nature.

Mais pour espérer emprunter sur des 3 pour cent à 75 francs il faudrait avant tout,

Ou qu'il n'exista plus de 3 pour cent en circulation, et conséquemment que ceux des conversions et des indemnités fussent rachetés, ce qui n'existera que dans 55 années;

Ou que les 5 pour cent eussent été remboursés, ce qui n'aura lieu que dans 46 années.

Ou qu'au moins le cours vénal des 3 pour cent fut à 80 francs, et de plus que cette valeur fut recherchée à ce prix;

En effet on peut d'abord regarder comme certain que les préteurs ne voudraient entendre à aucune proposition d'emprunt, en 3 pour cent à 75 francs, si leurs cours n'étaient pas déjà à 80 francs, ou ne devaient pas promptement y arriver : cette différence entre ce cours et celui de l'émission, indispensable pour attirer les préteurs, serait d'ailleurs juste, convenante et *habituelle*.

Ensuite tant qu'il existera des 5 pour cent en circulation les préteurs à placement préféreront, quelque soit l'aspect de l'augmentation du capital, des 5 à des 3 pour cent, d'abord parce que leur [illegible] amp-port du placement l'augmentation du capital n'a- [illegible] en hausse [illegible] leur position.

L'emprunt [illegible] pour cent [illegible] consi-dérable pour les contribuables [illegible] en-core bien d'avantage [illegible].

Il serait dès-lors impossible [illegible] ja-mais les chambres pussent se prêter à autoriser de telles [illegible] d'emprunt pour en faire [illegible] em-ploi.

Mais même en écartant ces motifs de rejet re-cherchons si l'emprunt pourrait avoir lieu.

Admettons, conformément aux bases ci-dessus, que le cours des trois pour cent étant à 80 fr. pour 3 fr., le gouvernement demande à emprunter sur des 3 pour cent à 75 fr.

Pour que les prêteurs primitifs et intermédiaires y consentissent il faudrait, pour assurer au moins leur commission, qu'ils eussent l'espoir d'un écou-lement et *prompt* et *complet*.

Pour que cet écoulement existât, il faudrait que les prêteurs secondaires y trouvassent de l'avan-tage, ce qui pour eux ne pourrait avoir lieu, qu'au-tant que l'emprunt se ferait à un taux d'intérêt *supérieur* au taux de l'intérêt *légal*; ou au moins qu'autant que, eu égard à l'époque de la libération, l'augmentation sur le capital dépasserait de beaucoup la perte en capital et en intérêts sur le revenu.

Or, en achetant des 3 pour cent au taux de 80 fr. pour 3 fr., le capitaliste a placement n'obtiendrait qu'un intérêt de 3, 3/4 pour cent. Ainsi, avec un capital de 100,000 fr., son revenu ne serait que de 3,750 fr.

Comparativement à l'intérêt légal, son revenu se trouverait donc diminué de 1, 1/4 pour cent, c'est à dire de 1,250 fr.

Mais, comme *compensation*, il aurait *l'éventualité* de voir son capital s'augmenter, par chaque 100 fr., de

25 fr.

Supposant cette chance, pour lui la plus favorable de toutes, que dès le lendemain de l'emprunt le taux vénal des 3 pour cent *s'élève* au pair de 100 fr. pour 3 fr., la question à résoudre, dans cette circonstance, serait celle-ci :

A quelle époque chaque perte annuelle de un franc s'élévera-t-elle, en capital et en intérêts, à la somme de 25 fr. ?

Des calculs convenables prouvent que ce serait au bout de

14 années, 2 mois, 14 jours.

Ainsi tous ceux qui encaisseraient leur libération pendant ce laps de temps ne coureraient que l'une de ces trois chances,

Soit *perte*, soit *pair*, soit *avantage*.

Tous ceux au contraire qui n'encaisseraient leur libération qu'après l'expiration de ce délai supporteraient une perte assurée.

Il conviendrait dès-lors, pour déterminer les ordres de probalités du prêt, de résoudre ces autres questions :

Qu'elle serait l'importance de la masse des prêteurs compris dans la catégorie des chances *éventuelles ?*

Qu'elle serait l'importance de la masse des prêteurs compris dans la catégorie des pertes *assurées*, mais variables dans leur dégré d'importance ?

Pour résoudre ces questions, il faut se baser sur l'existence de notre position actuelle.

La masse des rentes 5 pour cent était de	197,480,266 fr.
Il y en avait de racheté au 22 juin 1825.	37,070,107 fr.
Restait en circulation	160,410,159 fr.
La masse des conversions s'est élevée à	30,574,116 fr.
Restait en 5 pour cent . . .	129,836,043 fr.

Représentant un capital de

2,596,720,860, fr.

Pour rembourser ce capital, en empruntant sur des 3 pour cent à 75 fr., l'émission s'élèverait à

103,522,356 fr.

La masse des rentes 3 pour cent en circulation se composerait ainsi qu'il suit :

Rentes de conversions . .	24,192,841 fr.
Rentes d'indemnités . . .	30,000,000 fr.
Rentes d'emprunt. . . .	103,522,356 fr.
Ensemble	157,715,197 fr.

Représentant un capital nominal de

5,257,173,233 fr.

Et comme notre puissance amortissante se trouve réduite à

77,503,204 fr.

Il en résulte que la durée de l'amortissement serait de

67 années, 9 mois, 29 jours.

Or comme dans les 14 premières années la libération des 3 pour cent n'en aurait retiré de la circulation que

17,987,061 fr.

Il résulterait que la masse des préteurs à chances *éventuelles*, comparée à la masse totale des préteurs, serait environ de

13 centièmes.

Et que la masse des prêteurs à perte *assurée*, mais variable dans son importance, comparée à la masse totale des prêteurs, serait environ de

87 centièmes.

C'est à dire que sur cent prêteurs à fortune égale, il y en aurait 87 dont la *perte* serait *certaine*, et 13 seulement qui, en supposant qu'ils ne fussent pas aussi en perte, n'obtiendraient toute fois qu'un bénéfice très-éventuel.

Comment, dans un tel ordre de chances, les prêteurs primitifs, c'est-à-dire les capitalistes à spéculations, qui ne pourraient fonder quelqu'espoir de bénéfice que sur un prompt écoulement, pourraient-ils se flatter de cet écoulement, sur-tout du complément de cet écoulement ?

Certes, pour qu'ils se fissent illusion sur ce point,

il faudrait qu'ils fussent plus qu'insensés, ou que les affaires en Europe fussent aussi *rares* que les Sulli ;

Et comme il s'en faut de beaucoup qu'il en soit ainsi, du moins relativement à cette seconde proposition,

Il n'y aurait pas d'emprunt pour le remboursement des 5 pour cent.

Les rentiers ne doivent donc avoir aucun genre d'inquiétude à ce sujet.

Sous ce rapport, même la *stabilité* de M. le président du conseil des ministres ne pourrait pas être pour eux une *tête de Méduse.*

Plût à dieu que sous tous les autres rapports *l'anéantissement* de cette stabilité ne fût si *désirable* et si *vivement désirée*, on pourrait presque dire par la *nation entière.*

Il est tout aussi certain que l'émission *intempestive* des 3 pour cent a rendu *impraticable* tout emprunt nécessité non par des motifs de *convenances* mais par des besoins *réels* et *absolus.*

Supposons en effet que la position politique de l'Europe, ou les conséquences des *fautes* extrêmement *graves* de M. le président du conseil des ministres, nécessitassent un nouveau secours de 500 millions.

Je voudrais que ce fût là un *rêve*, mais en même

temps je redouterais que ce rêve ne se transformât en *cochemare.*

Quoiqu'il en soit, admettons que dans une telle circonstance, et conformément aux bâses ci-dessus, le cours des 3 pour cent étant à 80 francs pour 5 francs, le gouvernement demande à emprunter sur des 3 pour cent à 75 francs.

Pour que les prêteurs primitifs et intermédiaires voulussent discuter une telle proposition, il faudrait, plus encore que relativement au projet d'emprunt pour le remboursement des 5 pour cent, qu'ils eussent l'espoir d'un écoulement et *prompt*, et *complet.*

Sous cet aspect, les prêteurs à placement feraient tous les raisonnemens que je viens de détailler.

Ils reconnaîtraient de nouveau qu'en supposant même l'existence de toutes les circonstances qui seraient les plus favorables aux 3 pour cent, tous les porteurs de cette valeur qui n'auraient pas encaissé leur capital dans les 14 premières années seraient nécessairement en perte.

Ils n'auraient donc plus qu'à établir le rapport qui devrait exister entre les prêteurs à chances *eventuelles* et les prêteurs à perte *assurée* mais variable dans son importance.

Voici qu'elles seraient leurs bases pour arriver à cette solution.

La masse des rentes 5 pour cent était de	197,480,266 fr.
Il y en avait dè racheté au 22 juin 1825	37,070,107 fr.
Restait en circulation	160,410,159 fr.
La masse des conversions s'est élevée à	30,546,116 fr.
Restait en 5 pour cent . . .	129,836,043 fr.

Représentant un capital de

2,596,720,860 fr.

Qui évalué en 3 pour cent, à 75 fr. pour 3 fr., en fixe l'importance à

103,868,635 fr.

Les rentes 3 pour cent, émises à 75 fr., pour obtenir les 500 millions nécessaires aux besoins, s'éléveraient à

20,000,000 fr.

La masse des 3 pour cent serait dès lors ainsi qu'il suit :

Rentes de conversions . . .	24,459,035 fr.
Rentes d'indemnités . . .	30,000,000 fr.
Représentation des 3 pour cent	103,868,835 fr.
Emprunt pour nouveaux besoins	20,000,000 fr.
Ensemble	178,327,870 fr.

Représentant un capital nominal de

5,944,262,333 fr.

Et comme notre puissance amortissante se trouverait réduite à

77,503,204 francs.

Il en résulte que la durée de l'amortissement serait de

76 années, 6 mois, 18 jours.

Or, comme dans les 14 premières années, la libération des 3 pour cent n'en aurait retiré de la circulation que

17,987,061 francs.

Il en résulterait que la masse des prêteurs à chances éventuelles, comparée à la masse totale des prêteurs, serait à peine de

10 pour cent.

Et que la masse des prêteurs à perte assurée, mais variable dans son importance, comparée à la masse totale des prêteurs, serait de plus de

90 pour cent.

Dans un tel ordre de chances, ni les prêteurs primitifs, ni les prêteurs secondaires, ne voudraient se déterminer à *remplir* cet emprunt.

En supposant même qu'alors la position de la place fut tellement favorable que les capitaux consacrés aux rentes dépassassent les rentes en circulation, les prêteurs primitifs ne voudraient pas entrer en négociation avant que préalablement, comme condition *sine quâ non*, l'importance de la puissance amortissante ne fût assez élevée pour racheter les rentes circulantes en

14 années, 2 mois, 14 jours.

Afin que l'ensemble des prêteurs n'eût plus à supporter de chances certaines de pertes.

Pour atteindre ce but, il faudrait que la puissance amortissante fut élevée à

425,740,000 fr.

D'où il résulte que les contribuables auraient à supporter une surcharge de 348,236,396 fr. qui en y comprenant les frais de perception s'éléverait à

410,319,320 fr.

De telle sorte que le budjet qui déjà s'élève à près d'un milliard se trouverait fixé pendant quinze années à

1,410,319,320 fr.

Il ne pourra donc exister d'emprunt, n'importe quel qu'en puisse être le *besoin* et le *motif*, cela est évident et incontestable, tant qu'on laissera subsister des 3 pour cent et les annihilations des rachats annuels.

Une marche *rétrograde* relativement à ces deux dispositions serait le seul *moyen* qui, dans la malheureuse situation ou nous ont placé les conceptions financières de M. le président du conseil des ministres, pourrait rétablir le *niveau* entre les capitaux consacrés aux rentes et les besoins provenant de la circulation de ces rentes.

Sans modifications dans ces dispositions, il n'y aurait pas d'emprunts possibles à moins qu'on ne prétendit pouvoir *tiercer* annuellement les charges des contribuables, déjà si *pésantes*.

Et si jamais, après avoir anéanti les 3 pour cent aujourd'hui existans, on voulait emprunter sur de nouvelles émissions de 3 pour cent, il faudrait commencer par substituer à la loi qui fixe à 5 pour cent le taux de l'intérêt légal, une autre loi qui fixerait ce taux de l'intérêt légal soit à 4 soit à 3 pour cent; car tant que le prêteur, sur-tout le prêteur à placement, pourra comparer son revenu au taux de l'intérêt légal, il ne voudra prêter que sur des 5 pour cent, et se refusera *obstinément* à prêter sur des valeurs à taux inférieur d'intérêt, quelque soit la chance de l'augmentation de son capital, chance au fond de bien peu d'importance pour lui, puisque jamais son revenu ne pourrait s'en trouver amélioré.

Dès-lors, les capitalistes à spéculation ne prêteront pas davantage sur des valeurs à un taux d'intérêt inférieur au taux de l'intérêt légal, quel qu'appât que puisse leur offrir l'augmentation sur le capital, parce qu'avant tout ils devraient assurer la rentrée prompte de leurs déboursés et de leurs bénéfices; parce que cette prompte rentrée ne pourrait exister qu'autant que l'écoulement se completterait promptement; et parce que cet écoulement ne pourrait avoir lieu dès-lors que le capitaliste à placement n'y trouverait que des désavantages *réels*, bien *assurés* pour la plus grande partie d'entr'eux, pour la *minime* portion au moins *éventuels*.

Sans les funestes conceptions de M. le président du conseil des ministres, nous marchions rapidement au but de notre prospérité financière.

Avant peu d'années, le *niveau* entre les rentes en circulation et les fonds qui y sont consacrés, dérangé par l'emprunt des 23 millions, se serait *rétabli*.

Le besoin de nouvelles rentes pour balancer de nouveaux fonds aurait facilité de nouveaux emprunts; ayant changé de *rôles*, n'étant plus, comme en 1816, *demandeurs*, mais au contraire *donneurs*, on aurait pu dégager ces emprunts des élemens *d'éventualité* qui leur sont toujours *fortement préjudiciables*, et qui ont en outre le grand inconvénient de ne pouvoir permettre de fixer à aucune époque une situation *rigoureusement vraie*.

Dès-lors on aurait écarté pour libération la voie d'amortissement, et on y aurait substitué celle de remboursement.

Voilà les biens que notre *persévérance* nous aurait procurés.

Un seul moment a suffi pour anéantir toutes nos espérances.

Faudrait-il donc que la mesure d'une émission *intempestive* de 3 pour cent, qu'on présentait comme si *prospère* pour la France fut au contraire la source de nouveaux *désastres ?*

Malheureusement ce résultat ne serait que trop *réel.*

Je l'ai dit à un personnage important qui *semblerait maîtriser tellement l'avenir que rien ne lui paraîtrait chanceux ;* je le répète, avec encore plus de conviction, en m'adressant au Roi, au Dauphin, aux Chambres et au public :

Lorsque la gangrène survient à quelques parties du système, il faut se presser de faire l'amputation avant qu'elle atteigne les parties nobles.

Dans une si fâcheuse position, c'est le seul moyen d'éviter de plus grands maux.

Combien la France n'en aurait-elle pas déjà vu disparaître, si ce genre d'élévation d'âme avait pu percer jusqu'à celle de M. le président du conseil des ministres.

[illegible]

[illegible]

[illegible] a [illegible] M. le président [illegible]

[illegible] le sentiment [illegible]

[illegible] peut [illegible] des âmes énergiques.

[illegible]

[illegible]

Ou, au moins, [illegible] M. le président du conseil des ministres, n'abusant pas plus [illegible] sentir [illegible], a rempli les [illegible] de notre roi chéri, en mettant sous ses yeux,

TOUTE LA VÉRITÉ, RIEN QUE LA VÉRITÉ.

A [illegible], nous pourrons encore [illegible] les inquiétudes et les tourments dont la sollicitude de nos âmes est rongée depuis plusieurs années.

Entre la bienveillance ou l'exécration de la nation

française, quel autre que M. le président du conseil des ministres pourrait hésiter un séul instant!

Mais si M. le président du conseil des ministres ne se détermine pas enfin à faire connaître au Roi les sinistres conséquences de l'état des choses, espérons au moins que la *persévérance* des dévouemens parviendra tôt ou tard à déposer *utilement* aux pieds du trône ce *déplorable* enchaînement.

Je me persuade entendre l'âme paternelle de notre Roi bien aimé nous dire, avec ce ton de bonté qui le caractérise et va jusques au cœur :

J'apprécierai toujours avec intérêt les humbles suppliques de mes fidèles sujets.

Les chambres représentent l'ensemble des fidèles sujets du roi.

Leurs suppliques seront entendues.

Leur raison et leurs lumières déchireront le voile et pénétreront jusques dans l'âme de nos vénérés souverains.

De nouveau elles auront à se glorifier d'avoir sauvé l'état, et nos bénédictions générales, si justement acquises, seront leur plus douce récompense.

RÉSUMÉ.

Après d'immenses sacrifices, après dix années d'une héroïque constance dans sa fidélité sans tache, au milieu d'intérêts si divers qui se croisaient encore et agitaient les esprits, la France, en 1824, heureuse et tranquille enfin, pouvait calculer, sans effroi, l'étendue de ses charges, en prévoir le terme et s'y résigner avec cette douce satisfaction qui naît de la conscience, de la loyauté et d'une honorable considération.

Sa position était fixée; elle n'était pas aisée sans doute; mais quelques années encore de gêne lui assuraient un avenir plein de prospérités.

Cette consolante perspective lui semblait alléger ses charges : *elle était heureuse et tranquille.*

Sortie d'une tourmente qui avait menacé le vaisseau de l'État d'une entière destruction, et après l'avoir relevé plus majestueux encore et ramené au port, *comme après une tempête qui a brisé le navire le nautonier, rendu au calme, reporte son intérêt sur ses compagnons de malheurs,* la France, assurée de son salut, étendait sa sollicitude sur chaque membre de la grande famille.

Mais, que de ruines ! Que de pertes à réparer !

Les plus grandes infortunes excitaient son premier intérêt : *elle voulut réparer.*

Le sentiment était formé ; il s'exprimait de toutes parts, et s'élançait respectueusement vers le trône, vers le père commun, Monarque adoré ! C'était vouloir comme lui ; et, comme pour lui, c'était pour ses enfans un besoin du cœur : c'était une loi de conscience.

La France connaissait ses charges, et, toutes grandes qu'elles étaient, elles étaient du moins calculées dans leur importance, dans leur terme.

Quel mauvais *génie* pouvait donc jamais soulever de nouveaux orages ! Nul sujet d'inquiétude ne paraissait devoir troubler cette sécurité.

Oubli ; union ; réparation ;

Les vœux, les sentimens s'accordaient pour tant de bienfaits. ;

Qu'il était facile de les réaliser alors !

Réparation !

C'était le cri de l'honneur et de la loyauté.

Un seul homme paraît ne l'avoir pas entendu ; et cet homme était puissant !

Il voulut des ruines encore.

M. de Villèle jugea qu'avant de penser à réparer des pertes, il convenait d'en causer de nouvelles.

Il jugea qu'il convenait de détruire le crédit

que dix années de sacrifices et d'efforts avaient attaché aux engagemens de la France ; qu'il fallait proscrire ces engagemens, en *chasser* les titulaires qui y avaient pris confiance, et y portaient leurs capitaux, et leur en substituer d'autres plus onéreux pour la France.

Mais à quelle fin !

Et comment, contre le vœu d'une réparation, *justifierait-il* cette audacieuse tentative ?

Comment entendrait-il donc *réparer* ?

On ruinera d'un cinquième le revenu du rentier, et cette spoliation fera un fonds qui servira à *réparer* une précédente injustice, *plus tard, et peut-être, et si le veut bien par suite M. de Villèle.*

La France fut, dès ce moment, replongée dans un état d'anxiété et de tourmente ;

Mais l'homme *fort* est confiant en ses moyens, et ne s'arrête pas aux obstacles.

M. de Villèle propose donc, en 1824, de diminuer d'un cinquième les revenus du rentier;

De détruire les engagemens de l'État, sur lesquels reposait son crédit ;

De leur en substituer d'autres en les gratifiant, *pour les faire prendre*, d'un accroissement de capital, et d'augmenter ainsi, bien gratuitement, d'un milliard, la dette des contribuables.

Singulière conception que celle de surcharger un débiteur, pour le mettre en crédit !

Quant à la réparation, à *l'indemnité* réclamée pour de grandes injustices, M. de Villèle ne propose rien : mais il fait bien entendre qu'il serait possible d'*indemniser* un jour avec le revenu du rentier, *si son projet était adopté.*

C'était vouloir avilir le malheur, et le dépouiller de son plus beau titre, du seul qui lui restait peut-être, de la considération attachée à la fidélité souffrante.

L'honneur se révolta : la conscience publique fut indignée : la proposition fut rejettée.

De-là, *une grande colère,* manifestée par une petite vengeance.

La nuit, dit-on, porte conseil. Une longue nuit ramène le calme dans les esprits agités, et permet à la raison de reprendre quelqu'empire.

Mais M. de Villèle ne paraît pas s'être endormi sur son échec, et, dans son irritation, il n'eut ni repos ni cesse, que son génie ne lui eût enfanté un produit d'une nouvelle conception.

Prétendait-il se venger encore !

Il fallait beaucoup d'adresse pour reprendre et relever, avec succès, l'édifice écroulé, et le présenter sous des faces assez séduisantes pour en masquer ses plus grands vices.

L'adresse ne manqua pas.

Tous les yeux cependant n'y furent pas trompés.

Cependant l'architecte se montra si prodigue de belles promesses, si imperturbable dans ses *prévisions* toutes brillantes de prospérités futures, et si *agissant*, que, sous la foi de sa *garantie*, l'ouvrage fut reçu : les portes s'ouvrirent, et la loi permit d'entrer.

Ce fut en 1825 que le nouveau système de M. de Villèle fut admis, et dès-lors tout, dans les finances publiques, dans les fortunes privées, dans les idées, tout dût prendre une nouvelle direction par des voies inconnues, à l'aventure et comme au hasard.

Ce système était, il est vrai, fort innocent en apparence : on a pu s'y laisser prendre. On a pu y voir le triomphe de la bonne cause : car on promettait *l'indemnité* :

Ce fut celui d'un amour-propre blessé.

La bonne cause ne fut qu'un moyen ; le but et l'objet, nous l'avons démontré.

Une courte analyse va les reproduire encore.

Une *indemnité enfin est proposée* :

Mais il faut qu'elle soit stipulée payable *en ces nouveaux engagemens*, dont la création avait été refusée l'année précédente, c'est-à-dire en rentes de 3 p. 100.

Elle est ainsi adoptée, et M. de Villèle triomphe avec ces nouveaux engagemens.

Faculté aux rentiers de convertir leurs titres de 5 p. 100, en ces nouveaux engagemens de 3 pour cent.

Ce n'est qu'une faculté : la raison du moins pourra encore se faire entendre aux rentiers ; ils resteront libres d'en suivre l'impulsion. Son adoption n'avait pas le caractère d'une injustice. La faculté est prononcée.

Mais, si l'effet immédiat et nécessaire n'est pas encore de *contraindre* à la conversion, on saura *effrayer* le rentier par des menaces, ou *l'amadouer* par de belles promesses ; et s'il résiste, ou ne bouge, on saura *le chasser* de sa rente, en la proscrivant, en la déshéritant des fonds appliqués à son amortissement.

On saura bien du moins commander et contraindre des conversions *par influence*.

Les anciens engagemens seront donc frappés de mort, et tôt ou tard détruits et remplacés en ces nouveaux engagemens de 3 p. 100 avec une augmentation du capital.

Par cette faculté, M. de Villèle, se relevant de son échec, triomphe encore ici : C'est une double couronne dont son amour-propre a dû être sensiblement flatté,

Les fonds de l'amortissement seront dorénavant employés aux rachats soit des rentes 5 pour cent, soit des rentes 3 p. 100, suivant le plus d'avan-

tage que l'on trouverait dans l'un ou l'autre de ces rachats.

Suivant, donc, *que M. de Villèle le jugerait convenable.*

Nouveau triomphe pour lui, non moins flatteur.

Enfin, *les rentes qui seront rachetées seront annihilées*, et *le produit de cette extinction et celui des réductions par conversions seront appliqués à la décharge des contribuables.*

Tout le monde y gagnera !

Grâces soient donc rendues à M. de Villèle !

Ainsi, battu en ruine en 1824, il reproduit sa conception en 1825, la tourne et retourne, la montrant à double et triple faces, et *par ses changemens à vue* il frappe, il éblouit, il triomphe enfin.

Indemnisés, rentiers, contribuables auraient-ils donc applaudi !

Mais *les chants ont cessé.*

Dès 1825, l'édifice à peine relevé, étayé par tant d'efforts, a croulé et entraîné dans sa chute tous ceux qui s'y trouvaient entrés.

Heureux les rentiers qui, sages et confiants dans leur bon sens, dirigés par les avertissemens de la raison, et des conseils désintéressés, ont été sourds à des suggestions pernicieuses, aux menaces, aux injures, et sont restés modestes et tranquilles dans leur position de fortune, convaincus que *ce ne sera pas sous le règne d'un Bourbon qn'on* chassera *un créancier de son titre ni de sa propriété :*

On ne le *chassera* pas; *on le payera.*

J'ai cru, lors de la représentation *arrangée* du système tombé, en apercevoir le mal, le danger et le nœud. J'en ai calculé les chances; j'ai dévoilé les ressorts cachés; j'ai dit mes conjectures, toute ma pensée :

Elle était *sinistre.*

Pourquoi l'évènement est-il venu la justifier sitôt!

Une chose m'étonne, c'est que la chute ait été si forte et si précipitée.

Je conçois néanmoins que ce désastre puisse diminuer.

Je conçois même que l'*effet déchu* doive se relever; car l'agiotage est l'âme du système.

Aussi n'ai-je point, dans cet écrit, attaché mes observations sur le fâcheux état actuel de la conception financière.

J'aurais eu trop d'avantages, et je les ai répudiés parce que l'*agiotage* me les aurait prêtés.

J'ai pris, pour mon point de départ, pour me former une base fixe, *qu'on ne pût me contester*, les *prévisions officielles.*

On sait qu'il ne manque pas de prédictions de cette sorte; car que n'a-t-on pas prophétisé!

J'ai adopté la plus favorable qui ait été imaginée pour attirer à la conversion, et j'ai donc supposé, avec l'organe du ministère, que les rentes de 3 pour cent émises à 3 francs pour 75 francs s'éléveraient progressivement de 2 francs par année et successivement jusqu'au pair de 100 fr.; et *suivant cette heureuse et brillante hypothèse*, j'ai établi, par des raisonnemens et des calculs que je crois également incontestables, et j'ai, ce me semble, évidemment démontré,

Que les espoirs donnés aux indemnisés seront déçus;

Qu'il n'y aura point d'indemnité réelle;

Que les rentiers convertis se sont placés et ont été attirés dans un état de ruine;

Que les décharges promises aux contribuables seront des surcharges;

Que la libération de la dette, telle qu'elle résulte de son état actuel, ne pourra, avec les élémens nouveaux, être opérée qu'après un laps de temps de 55 années;

Enfin, que toutes les ressources pour de nouveaux emprunts se trouvent paralisées.

Tous ces maux naissent du système de M. de Villèle.

J'ai cherché un moyen de les éviter, et de sortir de cette affligeante et longue perspective *où il nous a jettés*, de gêne et de tourmente. J'ai cru trouver les moyens de procurer le *bien desiré*, et d'échapper *aux maux* qui nous menacent.

Ce serait d'apporter à la disposition de la puissance amortissante quelques modifications qui la rendraient salutaire.

Il faudrait ne plus annihiler les rachats de rentes (j'ai prouvé que les annihilations tourneraient en surcharges pour les contribuables).

Il s'agirait de diviser l'action de la puissance amortissante, et de l'appliquer, par portions relatives, aux rachats et à la libération des rentes des conversions, des rentes de l'indemnité, et des rentes 5 pour cent (ce serait pourvoir à une libération complette, et cela ne serait que trop juste).

A la faveur de ces seules modifications,

Le capital d'un milliard serait intégralement acquité pour l'indemnité ;

Les rentes des conversions et les rentes non convertis seraient toutes rachetées ou remboursées ;

Et cette complète libération serait opérée en 26 années.

Que de maux on éviterait ! Que de biens et d'avantages on obtiendrait !

C'est dans le but d'éviter ces maux et de nous procurer ces avantages que, d'après ces bases, j'ai conçu et rédigé un plan de libération que je produis ici avec tous ses détails.

NOUVEAU PLAN

conçu dans l'intention d'obtenir le bien que desirent le Roi, le Dauphin et les Chambres;

et

d'éviter les maux qui dérivent des conceptions financières de M. le president du conseil des ministres.

Je crois avoir suffisamment établi le *besoin*, la *nécessité* et la *justice* d'apporter d'importantes modifications à la loi de *conversion*, ou mieux encore, par cela même que l'ensemble de ces modifications désirables l'embrasserait presqu'entièrement, de la rapporter et d'y en substituer une autre.

C'est par suite de cette direction, et de ma sincère et profonde conviction de l'amélioration qui en résultera, que j'ai conçu et rédigé ce nouveau plan.

Puisse-il fixer l'attention du Roi, du Dauphin, des Chambres et du Public!

Déjà, j'ai dit, en parlant des *difficultés* et des *dangers* de notre position financière :

Il y a quarante ans, le grand livre aurait été l'une des principales sources des désastres financiers de la France ; aujourd'hui il serait non-seulement son sauveur, ce qui a pu être momentanément vrai, mais encore sa féconde *confortable !*

Prenons-y garde ; en désirant de repolir notre ouvrage, nous pourrions finir par le ruiner.

En finances, plus encore qu'en toutes autres combinaisons, où le temps entre comme élément indispensable, trop souvent le précipice est déjà profondément creusé, au moment où on commence à entrevoir son existence.

Si, en 1780, la bonne étoile de la France eût permis que cette vérité fût suffisamment appréciée, l'année 1789 aurait pris dans l'histoire une bien autre teinte.

Il est, en outre, dans cette partie, plusieurs sources de maux dont l'action peut se comparer à celle d'un *fer rouge*, dont la sensation douloureuse n'existe qu'après l'anéantissement de l'épiderme.

La nôtre s'est enfin recréée ; mais elle n'est pas encore suffisamment solidifiée, pour l'exposer à de trop rudes frottemens.

Il n'y a qu'un *plan d'ensemble*, bien combiné,

bien muri, et n'offrant qu'une perpective d'améliorations évidentes et assurées, qui puisse nous sortir enfin de la fausse route dans laquelle les contribuables, *lésés* outre mesure, ne peuvent même pas jouir, comme bien faible dédommagement de leurs immenses sacrifices, du *doux espoir*, (je suppose à tous un sens droit et sain) *d'entrevoir*, avec *certitude*, le terme de leurs souffrances.

Dans l'état des choses, il n'est qu'un moyen de mettre enfin un terme à ce sujet grave d'inquiétude ; c'est de substituer à un ordre *d'éventualité*, qui nous a toujours été et qui, nécessairement, nous serait toujours *préjudiciable*, un ordre de *fixité* qui puisse nous permettre de *peser*, sans incertitude, tous les résultats, et de *subvenir* efficacement à tous les besoins : autrement, on ne ferait que *creuser* un fossé pour en combler un autre ; on ne ferait que *solder* un compte de pertes, pour en *ouvrir* un nouveau, à *chances* encore plus *désavantageuses*, et avec addition des frais de flambeau qui, en ce genre, ne sont pas d'une mince importance.

Si l'on ne suit pas cette direction, de jour en jour le mal *s'empirera* ; de jour en jour il existera moins de possibilité d'y parer.

Si nous sommes sages, et si nos déterminations, *bien muries*, ne sont influencées par aucune nature de *complaisance*, réprouvée par l'opinion et l'intérêt publics, nous pouvons encore *facilement* nous *sauver* et sortir d'embarras.

Si nous ne le sommes pas, ou si nous suivons de fausses bannières, nous augmenterons nos besoins dans le rapport de notre possibilité de ressource, et notre *amélioration* finira peut-être par compenser à peine nos *détériorations successives.*

En définitive,

Dans un état maladif, nous nous étions couvert de très-lourds vêtemens; aujourd'hui ils entravent la rapidité de notre marche qui doit nous conduire au plus haut dégré de *prospérité* : il nous convient donc de les renouveller, et d'y substituer d'autres vêtemens plus appropriés à la plénitude de notre vitalité.

En d'autres termes :

Il faut indispensablement mettre une ligne de démarcation entre le *passé* et *l'avenir.* Il faut le faire avec *franchise* et *loyauté*, en ne blessant aucun intérêt, en satisfaisant à tout ce que veulent la *justice*, *l'equité*, et une *politique bien entendue.*

Sous *l'influence* de tels résultats, pourrions-nous redouter aucun genre de *concurrence !*

Une nation qui a pu *résister* aux chocs les

plus violens, et qui, dans les momens les plus *critiques*, a excité au moins l'attention *inquiète* de toutes les nations du globe, peut être assimilée à un homme vigoureux, dont la vitalité a d'autant plus d'énergie, que la maladie à laqu'elle il a résisté, a été plus violente, et que l'ordre d'improbabilité de nouvelles attaques est plus prononcé.

On a *maudit* les ministres qui ont été la source *indirecte* de l'origine de nos premiers malheurs; quel sort devrait être réservé à ceux qui, par leur *obstination*, seraient la cause réelle de leur *prolongation* !

Cette *réprobation* générale est tellement *effrayante*, que, pour ceux qui auraient encore le *cœur français*, son aspect devrait au moins les amener à *résipiscence*.

Vaine illusion !

Ne nous flattons guère d'un tel retour.

Quoi qu'il en puisse être,

La nation française, nous n'en doutons pas; finira par sortir *triomphante*, d'une telle *lutte*.

Ses intérêts, ses sentimens, sa civilisation, son honneur et sa gloire lui en imposent le devoir.

Elle ne démentira pas sa haute réputation.

Bien pénétré de toutes ces vérités, je n'ai pas cessé de rester convaincu qu'avec le vénéré Charles X, le Dauphin chéri, des chambres respectées, et un public éclairé, on ne devait jamais désespérer de la cessation du *mal*, et de la renaissance du *bien*.

Réunissons-nous pour atteindre ce but.

Faisons-nous mutuellement les *concessions* commandées par notre situation, et par notre état de *civilisation*.

Ceux qui, sous l'influence de leur bonne étoile, n'ont point dévié du sentier qu'ils avaient choisi, doivent y *persévérer* avec tenacité, sans être découragés par aucun obstacle.

Ceux qui, pendant quelques instans, ont pu, malgré la *pureté* de leurs intentions, souffrir qu'un épais bandeau couvrit leurs yeux, acquéreront, en le déchirant, une nouvelle énergie dans leur tendre sollicitude pour la prospérité de la France.

Alors, *sur-tout*, nous répéterons sans *extinction*, dans la *plenitude* de nos *élans sincères* :

Vive le vénéré Charles X,

Vive le Dauphin chéri,

Vive nos respectables chambres.

BASES GÉNÉRALES

DU NOUVEAU PLAN.

La masse des libérations à effectuer se compose de

Rentes 3 pour cent provenant des indemnités.

Rentes 3 pour cent provenant des conversions.

Rentes 5 pour cent non converties.

Pour libérer l'état de ces diverses rentes, j'adopte pour les convertis la voie de *l'amortissement*, et pour les indemnisés et les non convertis la voie du *remboursement*, parceque c'est la seule qui puisse parer aux chances de *l'éventualité*.

Cette distinction dans les modes de libération est autant fondée sur les *convenances* que sur la *justice*;

En effet,

Les 3 pour cent des indemnités,

Les 3 pour cent des convertis,

Et les 5 pour cent des non convertis,

Ne peuvent être assimilés sous aucun rapport;

la nature de leur *origine* et les modifications qu'a éprouvées leur *essence* doivent nécessairement avoir de *l'influence* sur leur aspect et sur l'action des *puissances* amortissantes auxquelles ces dettes diverses doivent être soumises.

Les indemnités ont été fixées à un milliard, mais le revenu de ce capital n'est servi jusqu'à libération que sur le pied de trois pour cent : leur mode de libération doit par cela même être exempt de toutes chances de perte ; et par suite le mode d'amortissement ne peut pas leur être justement appliqué ; le mode de remboursement est le seul qui puisse remplir envers elles la mesure de justice et de *politique* voulue par le Roi.

Quant aux cinq pour cent, puisqu'on leur ôte la chance favorable de *l'élévation* du cours au-dessus du pair, la réciprocité exige que l'on ne les soumette pas à la chance défavorable d'une *détérioration* du cours au-dessous du *pair*.

Dans cet état de choses, le seul mode juste et raisonnable de libération à leur égard est le remboursement, et non l'amortissement.

Quant aux convertis, ce sont les *seuls* qui doivent être *soumis* à un mode de libération sujet à chances de *baisse* ou de *hausse*, suivant le besoin de la place, parceque cette alternative est inhérente à leur essence.

Etant donnés au cours vénal de 75 francs pour 3 francs, les 3 pour cent de la conversion ont une chance de bénéfice de 25 francs pour chaque 3 fr.; ils ne peuvent donc être exempts des chances de perte si le cas y échoyait; la réciprocité de justice le veut ainsi.

Ma bàse de libération pour les indemnisés est un milliard de capital pour les 30 millions de rentes qui leur sont accordés.

En cela je fais non seulement une chose juste et équitable, mais en outre une chose *politique.*

En effet, après avoir dit que le capital de l'indemnité doit représenter à peu près le milliard montant en capital des pertes résultantes des confiscations, M. le président du conseil des ministres ajoute :

« Une indemnité fractionnelle, un simple se-
» cours accordé au malheur n'atteindrait pas le
» but que le Roi se propose, et vers lequel doivent
» tendre nos efforts... les anciens propriétaires se-
» raient encore dépouillés... il faut donc que le
» capital de l'indemnité représente approximati-
» vement le capital de la valeur perdue : alors les
» divisions et les haines s'éteindraient sans retour;
» les deux classes de propriété verraient s'opérer
» la fusion conciliatrice; et l'union et la paix,
» sources premières de toutes les prospérités s'af-
» fermiraient. »

C'est sans doute par une conviction intime de la justice et de l'avantage de semblables résultats que M. le président du conseil des ministres a toujours, pendant la discussion de la loi de conversion, fait espérer à MM. les indemnisés qu'ils recevraient avant dix années le milliard qui constitue le capital de leur créance.

Toutefois, et malgré ces assurances ministérielles, les indemnisés n'auraient bien réellement que la chance défavorable de ne recevoir qu'une somme moindre que le capital qui leur est dû, et sur-tout celle de ne recevoir cette portion, quelqu'en fût l'importance, qu'en un laps de temps bien plus prolongé que celui qu'on leur a signalé comme devant exister; ce qui élèverait leur perte à plus de cinquante pour cent de leur créance.

La première de ces chances n'existera plus pour les indemnisés, puisque par suite des nouveaux plans leur remboursement sera d'un milliard et ne pourra dans aucun cas être d'une moindre somme.

Relativement aux époques de la complète libération, il aurait été par trop déraisonnable de la part des indemnisés de se flatter d'obtenir, comparativement aux autres créanciers de l'état, plus de faveur qu'eux dans le rapprochement de l'époque de leur libération; sous ce rapport, j'améliore leur position de telle manière que, sans faire d'injustice à leurs concurrens, je leur accorde plus même que justement ils auraient pu avoir le droit d'espérer ; la durée de la libération générale sera pour eux, comme pour les autres porteurs de rentes de toute nature, à peu près la même qu'elle aurait été pour ces derniers, avant la proposition des indemnités.

Par suite de ces considérations j'établirai, entre les 3 pour cent des convertis, les 3 pour cent des indemnités, et les 5 pour cent non convertis, le partage de la puissance amortissante, d'après l'importance de la dette basée sur l'évaluation du capital nominal de ces rentes.

Cette puissance amortissante serait, sans annihilation annuelle, telle que, d'après le rapport du comité de surveillance de la caisse d'amortissement, elle existait au 22 juin 1825, savoir de

77,503,204 fr.

Le partage de cette puissance s'établirait d'après ces bases :

L'ensemble de notre dette rentière, calculée au taux nominal, résultant des rentes 3 et 5 pour cent non rachetées, était, au 22 juin 1825, ainsi qu'il suit :

3 pour cent de conversion.

Émis pour conversion . . .	24,459,035 fr.
Rachetés avant le 22 juin 1825.	433,097 fr.
Restait	24,025,938 fr.

Qui au taux nominal de 100 fr. pour 3 fr. représentent un capital de

800,864,601 fr.

3 pour cent d'indemnités.

30 millions de rentes qui, au taux nominal de 100 fr. pour 3 fr., représentent un capital de

1,000,000,000 fr.

5 pour cent non convertis.

Emission totale		197,480,266 fr.
A déduire,		
Rachetées avant le 22 juin 1825.	fr. 37,070,107	67,643,901 fr.
Converties . .	30,573,794	
Restait.		129,836,365 fr.

Qui, au taux nominal de 100 fr. pour 5 fr., représentent un capital de

2,596,727,300 fr.

Réunion.

3 pour cent de conversions.	800,865,266 fr.
3 pour cent d'indemnités. .	1,000,000,000 fr.
5 pour cent non convertis .	2,596,727,300 fr.
Ensemble . . .	4,397,592,566 fr.

D'où il résulte que, *proportionnellement*, la puissance amortissante doit être divisée ainsi qu'il suit ;

Pour les 3 pour cent des conversions.	14,114,166 fr.
Pour les 3 pour cent des indemnités, et pour les 5 pour cent non convertis	63,389,038 fr.
Ensemble. . . .	77,503,204 fr.

Je distrairai de la masse des rentes 5 pour cent, les rentes des hospices et des majorats qui ne doivent pas être remboursées, et dont l'importance s'élève, d'après les données ministérielles, à 20 millions.

BASES PARTICULIÈRES

DU NOUVEAU PLAN,

dans ses rapports avec les 5 pour cent, et les 3 pour cent des indemnisés.

Voici quelles seraient, en ce qui concerne les indemnisés et les 5 pour cent, les dispositions particulières de ce nouveau plan.

1.° Le revenu des indemnisés, en attendant la libération de la dette en capital, serait, conformément aux fixations des conceptions financières de M. le président du conseil des ministres, de

30,000,000 fr.

2.° La libération en capital de la dette des indemnisés serait *intégrale*, et s'éléverait, conformément à l'évaluation du gouvernement, à

1,000,000,000 fr.

3.° La portion de puissance amortissante afférente aux 3 pour cent des indemnités et des 5 pour cent non convertis, s'éléverait, ainsi que nous l'avons vu dans les bases générales, à

63,389,038 fr.

4°. Le capital nominal qui devrait être éteint avec cette puissance amortissante se compose ainsi qu'il suit :

Capital nominal des 109,836,365 fr. de rentes 5 pour cent non converties, défalcation faite des rachats, des conversions, et des 20 millions des hospices et des majorats	2,196,727,300 fr.
Capital nominal des indemnités, s'élevant, d'après l'élévation du gouvernement, à .	1,000,000,000 fr.
Ensemble . .	3,196,727,300 fr.

5°. Le partage des 63,389,038 francs de puissance amortissante serait tel que l'achévement de la libération des 3 pour cent des indemnités et des 5 pour cent non convertis aurait lieu à la même époque : pour atteindre ce but,

La portion de puissance amortissante afférente

aux 3 pour cent provenant des indemnités sera de . . . . 24,337,777 fr.

Et la portion aflérente aux 5 pour cent sera de. . . . . 39,051,261 fr.

Ensemble . . 63,389,038 fr.

6°. Les époques de remboursement seront fixées annuellement par des tirages au sort.

L'importance de ces remboursemens suivra une progression croissante par suite de la capitalisation des arrérages des rachats.

NOUVEAU PLAN
DE
LIBÉRATION.

LIBÉRATION
Des 3 pour cent
DES INDEMNISÉS.

OBSERVATIONS.

On pourra remarquer, dans la composition des fonds du remboursement, des *sommes pour intérêts*, et l'on pourra s'en rendre aisément raison, si l'on veut bien considérer que, chaque remboursement annuel s'opérant de mois en mois, dans tout le courant de l'année, (le trésor faisant les fonds par douzième) la caisse obtient, nécessairement, en accroissement de ses capitaux et par leur emploi immédiat en rentes 5 pour cent, l'intérêt attaché à ces mêmes rentes pour le temps qui reste à courir, à compter de cet emploi jusqu'à la fin de l'année où l'achèvement du remboursement annuel.

Pour être exact en tous points, j'ai donc dû calculer ces sommes d'intérêts, et j'ai dû les calculer ici au taux de 3 pour cent par an.

LIBÉRATION

des 3 pour cent des indemnités,
par 27 remboursemens
à effectuer en vingt-six années.

Ier. REMBOURSEMENT ANNUEL.

Arrérages des rachats de rentes 3 pour cent.		
fr.		fr.
	Dotation fixe.	24,337,777
	Intér. de 6 mois à 3 p. %. .	365,066
	Ensemble.	24,702,843
720,000	Capital à éteindre. . .	24,000,000
	Reste en caisse. . . .	702,843

IIe. REMBOURSEMENT ANNUEL.

		fr.
	Restant en caisse. . .	702,843
	Intérêts à 3 pour cent. . .	21,085
	Arrérages des rachats. .	720,000
	Intér. de 3 mois à 3 p. %.	5,400
	Dotation fixe et intérêts.	24,702,843
	Ensemble.	26,152,171
780,000	Capital à éteindre. . .	26,000,000
1,500,000	Reste en caisse. . . .	152,171

IIIe. REMBOURSEMENT ANNUEL.

		fr.
Arrérages des rachats	Restant en caisse. . .	152,171
de rentes	Intérêts.	4,565
5 pour cent.	Arrérages des rachats. .	1,500,000
fr.	Intérêts.	11,250
1,500,000	Dotation fixe et intérêts. .	24,702,843
	Ensemble.	26,370,829
780,000	Capital à éteindre. . .	26,000,000
2,280,000	Reste en caisse. . . .	370,829

IVe. REMBOURSEMENT ANNUEL.

		fr.
	Restant en caisse. . .	370,829
	Intérêts.	11,125
	Arrérages des rachats. .	2,280,000
	Intérêts.	17,100
	Dotation fixe et intérêts.	24,702,843
	Ensemble.	27,381,897
810,000	Capital à éteindre. . .	27,000,000
3,090,000	Reste en caisse. . . .	381,897

Ve. REMBOURSEMENT ANNUEL.

		fr.
Arrérages des rachats de rentes 5 pour cent.	Restant en caisse. . . .	381,897
	Intérêts.	11,456
	Arrérages des rachats. .	3,090,000
fr.	Intérêts.	23,175
3,090,000	Dotation fixe et intérêts.	24,702,843
	Ensemble.	28,209,371
840,000	Capital à éteindre. . .	28,000,000
3,930,000	Reste en caisse. . . .	209,371

VIe. REMBOURSEMENT ANNUEL.

		fr.
	Restant en caisse. . .	209,371
	Intérêts.	6,281
	Arrérages des rachats. .	3,930,000
	Intérêts.	29,475
	Dotation fixe et intérêts.	24,702,843
	Ensemble.	28,877,970
840,000	Capital à éteindre . .	28,000,000
4,770,000	Reste en caisse. . . .	877,970

VIIe. REMBOURSEMENT ANNUEL.

Arrérages des rachats de rentes 5 pour cent.		fr.
	Restant en caisse. . . .	877,970
	Intérêts.	26,339
	Arrérages des rachats. .	4,770,000
fr.	Intérêts.	35,775
4,770,000	Dotation fixe et intérêts.	24,702,843
	Ensemble.	30,412,927
900,000	Capital à éteindre. . .	30,000,000
5,670,000	Reste en caisse. . . .	412,927

VIIIe. REMBOURSEMENT ANNUEL.

		fr.
	Restant en caisse. . .	412,927
	Intérêts.	12,387
	Arrérages des rachats. .	5,670,000
	Intérêts.	42,525
	Dotation fixe et intérêts.	24,702,843
	Ensemble.	30,840,682
900,000	Capital à éteindre. . .	30,000,000
6,570,000	Reste eu caisse. . . .	840,682

IXe. REMBOURSEMENT ANNUEL.

Arrérages des rachats de rentes 3 pour cent.		fr.
	Restant en caisse . .	840,682
	Intérêts.	25,220
	Arrérages des rachats. .	6,570,600
fr.	Intérêts.	48,675
6,570,000	Dotation fixe et intérêts.	24,702,843
	Ensemble.	32,188,020
960,000	Capital à éteindre. . .	32,000,000
7,530,000	Reste en caisse. . . .	188,020

X^e. REMBOURSEMENT ANNUEL.

		fr.
	Restant en caisse. . .	188,020
	Intérêts.	5,640
	Arrérages des rachats. .	7,530,000
	Intérêts.	56,475
	Dotation fixe et intérêts.	24,702,843
	Ensemble.	32,482,978
960,000	Capital à éteindre. . .	32,000,000
8,490,000	Reste en caisse. . . .	482,978

XIe. REMBOURSEMENT ANNUEL.

		fr.
Arrérages des rachats de rentes 3 pour cent.	Restant en caisse. . . .	482,978
	Intérêts.	14.489
	Arrérages des rachats. .	8,490,000
fr.	Intérêts.	63,675
8,490,000	Dotation fixe et intérêts.	24,702,843
	Ensemble.	33,753,985
990,000	Capital à éteindre. . .	33,000,000
9,480,000	Reste en caisse. . . .	753,985

XIIe. REMBOURSEMENT ANNUEL.

		fr.
	Restant en caisse. . .	753,985
	Intérêts.	22,619
	Arrérages des rachats. .	9,480,000
	Intérêts.	71,100
	Dotation fixe et intérêts.	24,702,843
	Ensemble.	35,030,547
1,050,000	Capital à éteindre. . .	35,000,000
10,530,000	Reste en caisse. . . .	30,547

XIIIe. REMBOURSEMENT ANNUEL.

		fr.
Arrérages des rachats de rentes 5 pour cent.	Restant en caisse. . .	30,547
	Intérêts.	916
	Arrérages des rachats. .	10,530,000
fr.	Intérêts.	78,975
10,530,000	Dotation fixe et intérêts.	24,702,843
	Ensemble.	35,343,281
1,050,000	Capital à éteindre. . .	35,000,000
11,580,000	Reste en caisse. . . .	343,281

XIVe. REMBOURSEMENT ANNUEL.

		fr.
	Restant en caisse. . .	343,281
	Intérêts.	10,298
	Arrérages des rachats. .	11,580,000
	Intérêts.	86,850
	Dotation fixe et intérêts.	24,702,843
	Ensemble.	36,723,272
1,080,000	Capital á éteindre. . .	36,000,000
12,660,000	Reste en caisse. . . .	723,272

XVe. REMBOURSEMENT ANNUEL.

		fr.
Arrérages des rachats de rentes 5 pour cent.	Restant en caisse. . . .	723,272
	Intérêts.	21,698
	Arrérages des rachats .	12,660,000
fr.	Intérêts.	94,950
12,660,000	Dotation fixe et intérêts.	24,702,843
	Ensemble.	38,202,763
1,140,000	Capital à éteindre. . .	38,000,000
13,800,000	Reste en caisse. . . .	202,763

XVIe. REMBOURSEMENT ANNUEL.

		fr.
	Restant en caisse. . .	202,763
	Intérêts.	6,082
	Arrérages des rachats .	13,800,000
	Intérêts.	103,500
	Dotation fixe et intérêts.	24,702,843
	Ensemble.	38,815,188
1,140,000	Capital à éteindre. . .	38,000,000
14,940,000	Reste en caisse. . . .	815,188

XVIIe. REMBOURSEMENT ANNUEL.

Arrérages des rachats de rentes 5 pour cent.		fr.
	Restant en caisse. . .	815,188
	Intérêts.	24,455
	Arrérages des rachats. .	14,940,000
fr.	Intérêts.	112,050
14,940,000	Dotation fixe et intérêts.	24,702,843
	Ensemble.	40,594,536
1,200,000	Capital à éteindre. . .	40,000,000
16,140,000	Reste en caisse. . . .	594,536

XVIIIe. REMBOURSEMENT ANNUEL.

		fr.
	Restant en caisse. . .	594,536
	Intérêts.	17,856
	Arrérages des rachats. .	16,140,000
	Intérêts.	121,050
	Dotation fixe et intérêts.	24,702,843
	Ensemble.	41,576,265
1,230,000	Capital à éteindre. . .	41,000,000
17,370,000	Reste en caisse. . . .	576,265

XIXe. REMBOURSEMENT ANNUEL.

Arrérages des rachats de rentes 3 pour cent.		fr.
	Restant en caisse. . . .	576,265
	Intérêts.	17,287
	Arrérages des rachats. .	17,370,000
fr.	Intérêts.	130,275
17,370,000	Dotation fixe et intérêts.	24,702,843
	Ensemble.	42,796,670
1,260,000	Capital à éteindre. . .	42,000,000
18,630,000	Reste en caisse. . . .	796,670

XXe. REMBOURSEMENT ANNUEL.

		fr.
	Restant en caisse. . . .	796,670
	Intérêts.	23,900
	Arrérages des rachats .	18,630,000
	Intérêts.	139,725
	Dotation fixe et intérêts.	24,702,843
	Ensemble.	44,293,138
1,320,000	Capital à éteindre. . .	44,000,000
19,950,000	Reste en caisse. . . .	193,138

XXIe. REMBOURSEMLNT ANNUEL.

Arrérages des rachats de rentes 5 pour cent.		
fr		fr.
	Restant en caisse. . .	293,138
	Intérêts.	8,794
	Arrérages des rachats. .	19,950,000
	Intérêts.	149,625
19,950,000	Dotation fixe et intérêts.	24,702,843
	Ensemble.	45,104,400
1,350,000	Capital à éteindre. . .	45,000,000
21,300,000	Reste en caisse. . . .	104,400

XXIIe. REMBOURSEMENT ANNUEL.

		fr.
	Restant en caisse. . .	104,400
	Intérêts.	3,132
	Arrérages des rachats. .	21,300,000
	Intérêts.	159,750
	Dotation fixe et intérêts.	24,702,843
	Ensemble.	46,270,125
1,380,000	Capital à éteindre. . .	46,000,000
22,680,000	Reste en caisse. . . .	270,125

XXIIIe. REMBOURSEMENT ANNUEL.

Arrérages des rachats de rentes 1 pour cent.		fr
	Restant en caisse. . .	270,125
	Intérêts.	8,103
	Arrérages des rachats. .	22,680,000
fr.	Intérêts.	170,100
22,680,000	Dotation fixe et intérêts.	24,702,843
	Ensemble.	47,831,171
1,410,000	Capital à éteindre. . .	47,000,000
24,090,000	Reste en caisse. . . .	831,171

XXIVe. REMBOURSEMENT ANNUEL.

		fr.
	Restant en caisse. . .	831,171
	Intérêts.	24,955
	Arrérages des rachats. .	24,090,000
	Intérêts.	180,675
	Dotation fixe et intérêts.	24,702,843
	Ensemble.	49,829,624
1,470,000	Capital à éteindre. . .	49,000,000
25,560,000	Reste en caisse. . . .	829,624

XXVe. REMBOURSEMENT ANNUEL.

		fr.
Arrérages des rachats de rentes 6 pour cent.	Restant en caisse. . .	829,624
	Intérêts.	24,888
	Arrérages des rachats. .	25,560,000
fr.	Intérêts.	191,700
25,560,000	Dotation fixe et intérêts.	24,702,843
	Ensemble.	51,309,055
1,530,000	Capital à éteindre. . .	51,000,000
27,090,000	Reste en caisse. . . .	309,055

XXVIe. REMBOURSEMENT ANNUEL.

		fr.
	Restant en caisse. . .	309,055
	Intérêts.	9,271
	Arrérages des rachats. .	27,090,000
	Intérêts.	203,175
	Dotation fixe et intérêts.	24,702,843
	Ensemble.	52,314,344
1,560,000	Capital à éteindre. . .	52,000,000
28,650,000	Reste en caisse. . . .	314,344

XXVIIe. REMBOURSEMENT ANNUEL.

Arrérages des rachats de rentes 2 pour cent.		fr.
	Restant en caisse. . .	314,344
	Intérêts.	4,715
	Arrérages des rachats. .	14,325,000
fr.	Intérêts.	53,718
28,650,000	Dotation fixe et intérêts.	30,302,223
	Ensemble.	45,000,000
1,350,000	Capital à éteindre. . .	45,000,000
30,000,000	Balance de caisse. . .	zéro.

NOUVEAU PLAN

DE

LIBÉRATION.

LIBÉRATION

Des 5 pour cent.

OBSERVATIONS.

On pourra remarquer, dans la composition des fonds du remboursement, *des sommes pour intérêts*, et l'on pourra s'en rendre aisément raison, si l'on veut bien considérer que chaque remboursement annuel s'opérant de mois en mois, dans tout le courant de l'année, (le trésor faisant les fonds par douzième) la caisse obtient, nécessairement, un accroissement de ses capitaux, et, par leur emploi immédiat en rentes 5 pour cent, l'intérêt attaché à ces mêmes rentes pour le temps qui reste à courir, à compter de cet emploi, jusqu'à la fin de l'année, ou l'achèvement du remboursement annuel.

Pour être exact en tout point, j'ai donc dû calculer ces sommes d'intérêts, et j'ai dû les calculer ici au taux de 5 pour cent par an.

LIBÉRATION

des 5 pour cent

par 27 remboursemens

à effectuer en vingt-six années.

Ier. REMBOURSEMENT ANNUEL.

Arrérages des rachats de rentes 5 pour cent.		
fr.		fr
	Dotation fixe. . . .	39,051,26
	intér. de 6 mois à 5 p. % . .	976,282
	Ensemble. . . .	40,027,543
2,000,000	Capital à éteindre. . .	40,000,000
	Reste en caisse. . . .	27,543

IIe. REMBOURSEMENT ANNUEL.

		fr
	Restant en caisse. . .	27,543
	Intér. de 6 mois à 5 p. % .	1,377
	Arrérages des rachats. .	2,000,000
	Intér. de 3 mois à 5 p. % .	25,000
	Dotation fixe et intérêts.	40,027,543
	Ensemble.	42,081,463
2,100,000	Capital à éteindre. . .	42,000,000
4,100,000	Reste en caisse. . . .	81,463

IIIe. REMBOURSEMENT ANNUEL.

Arrérages des rachats de rentes pour cent.		fr.
	Restant en caisse. . .	81,463
	Intérêts.	4,073
	Arrérages des rachats. .	4,100,000
fr.	Intérêts.	51,250
,100,000	Dotation fixe et intérêts.	40,027,543
	Ensemble.	44,264,329
,200,000	Capital à éteindre. . .	44,000,000
,300,000	Reste en caisse. . . .	264,329

IVe. REMBOURSEMENT ANNUEL.

		fr.
	Restant en caisse. . .	264,329
	Intérêts.	13,216
	Arrérages des rachats. .	6,300,000
	Intérêts.	78,750
	Dotation fixe et intérêts.	40,027,543
	Ensemble.	46,683,838
,300,000	Capital à éteindre. . .	46,000,000
,600,000	Reste en caisse. . . .	683,836

Ve. REMBOURSEMENT ANNUEL.

Arrérages des rachats de rentes 5 pour cent.		fr.
	Restant en caisse. . .	683,838
	Intérêts.	34,191
	Arrérages des rachats. .	8,600,000
fr.	Intérêts.	107,500
8,600,000	Dotation fixe et intérêts.	40,027,543
	Ensemble.	49,453,072
2,450,000	Capital à éteindre. . .	49,000,000
11,050,000	Reste en caisse. . . .	453,072

VIe. REMBOURSEMENT ANNUEL.

		fr.
	Restant en caisse. . .	453,072
	Intérêts.	22,653
	Arrérages des rachats. .	11,050,000
	Intérêts.	138,125
	Dotation fixe et intérêts.	40,027,543
	Ensemble.	51,691,393
2,550,000	Capital à éteindre. . .	51,000,000
13,600,000	Reste en caisse. . . .	691,393

VIIe. REMBOURSEMENT ANNUEL.

Arrérages des rachats de rentes 5 pour cent.		fr.
	Restant en caisse. . . .	691,393
	Intérêts.	34.569
	Arrérages des rachats. .	13,600,000
fr.	Intérêts.	170,000
3,600,000	Dotation fixe et intérêts.	40,027,543
	Ensemble.	54,523,505
2,700,000	Capital à éteindre. . .	54,000,000
6,300,000	Reste en caisse. . . .	523,505

VIIIe. REMBOURSEMENT ANNUEL.

		fr.
	Restant en caisse. . .	523,505
	Intérêts.	26,175
	Arrérages des rachats. .	16,300,000
	Intérêts.	203,750
	Dotation fixe et intérêts.	40,027,543
	Ensemble.	57,080,973
2,850,000	Capital à éteindre. . .	57,000,000
9,150,000	Reste en caisse. . . .	80,973

IXᵉ. REMBOURSEMENT ANNUEL.

		fr.
Arrérages des rachats de rentes 5 pour cent.	Restant en caisse. . .	80,973
	Intérêts.	4,048
	Arrérages des rachats. .	19,150,000
fr.	Intérêts.	239,375
19,150,000	Dotation fixe et intérêts.	40,027,543
	Ensemble.	59,501,939
2,950,000	Capital à éteindre. . .	59,000,000
22,100,000	Reste en caisse. . . .	501,939

Xᵉ. REMBOURSEMENT ANNUEL.

		fr.
	Restant en caisse. . .	501,939
	Intérêts.	25,096
	Arrérages des rachats. .	22,100,000
	Intérêts.	276,250
	Dotation fixe et intérêts.	40,027,543
	Ensemble.	62,930,828
3,100,000	Capital à éteindre. . .	62,000,000
25,200,000	Reste en caisse. . . .	930,828

XIe. REMBOURSEMENT ANNUEL.

Arrérages des rachats de rentes 8 pour cent.		fr.
	Restant en caisse. . .	930,828
	Intérêts.	46,541
	Arrérages des rachats .	25,200.000
fr.	Intérêts.	315,000
25,200,000	Dotation fixe et intérêts.	40,027,543
	Ensemble.	66,519,912
3,300,000	Capital à éteindre. . .	66,000,000
28,500,000	Reste en caisse. . . .	519,912

XIIe. REMBOURSEMENT ANNUEL.

		fr.
	Restant en caisse. . .	519,912
	Intérêts.	25,995
	Arrérages des rachats. .	28,500,000
	Intérêts.	356,250
	Dotation fixe et intérêts.	40,027,543
	Ensemble.	69,429,700
3,450,000	Capital à éteindre. . .	69,000,000
31,950,000	Reste én caisse. . . .	429,700

XIIIe. REMBOURSEMENT ANNUEL.

		fr.
Arrérages des rachats de rentes 5 pour cent.	Restant en caisse. . .	49,700
	Intérêts.	21,485
	Arrérages des rachats. .	31,950,000
fr.	Intérêts.	399,375
31,950,000	Dotation fixe et intérêts.	40,027,543
	Ensemble.	72,828,103
3,600,000	Capital à éteindre. . .	72,000,000
35,550,000	Reste en caisse. . . .	828,103

XIVe. REMBOURSEMENT ANNUEL.

		fr.
	Restant en caisse. . .	828,103
	Intérêts.	41,405
	Arrérages des rachats. .	35,550,000
	Intérêts.	444,375
	Dotation fixe et intérêts.	40,027,543
	Ensemble.	76,891,426
3,800,000	Capital à éteindre. . .	76,000,000
39,350,000	Reste en caisse. . . .	891,426

XIXe. REMBOURSEMENT ANNUEL.

Arrérages des rachats de rentes 5 pour cent.		fr.
	Restant en caisse. . . .	650,957
	Intérêts.	32,547
	Arrérages des rachats. .	56,600,000
fr.	Intérêts.	707,500
56,600,000	Dotation fixe et intérêts.	40,027,543
	Ensemble.	98,018,547
4,900,000	Capital à éteindre. . .	98,000,000
61,500,000	Reste en caisse. . . .	18,547

XXe. REMBOURSEMENT ANNUEL.

		fr.
	Restant en caisse. . .	18,547
	Intérêts.	927
	Arrérages des rachats .	61,500,000
	Intérêts.	768,746
	Dotation fixe et intérêts.	40,027,543
	Ensemble.	102,315,763
5,100,000	Capital à éteindre. . .	102,000,000
66,600,000	Reste en caisse. . . .	315,763

XXIe. REMBOURSEMENT ANNUEL.

		fr.
Arrérages des rachats de rentes 5 pour cent.	Restant en caisse. . .	315,763
	Intérêts.	15,788
	Arrérages des rachats. .	66,600,000
fr.	Intérêts.	832,500
66,600,000	Dotation fixe et intérêts.	40,027,543
	Ensemble.	107,791,594
5,350,000	Capital à éteindre. . .	107,000,000
71,950,000	Reste en caisse. . . .	791,594

XXIIe. REMBOURSEMENT ANNUEL.

		fr.
	Restant en caisse. . .	791,594
	Intérêts.	39,579
	Arrérages des rachats. .	71,950,000
	Intérêts.	899,375
	Dotation fixe et intérêts.	40,027,543
	Ensemble.	113,708,091
5,650,000	Capital à éteindre. . .	113,000,000
77,600,000	Reste en caisse. . . .	708,091

XVe. REMBOURSEMENT ANNUEL.

Arrérages des rachats de rentes 5 pour cent.		fr.
	Restant en caisse. . . .	891,426
	Intérêts.	44,571
	Arrérages des rachats .	39,350,000
fr.	Intérêts.	541,875
39,350,000	Dotation fixe et intérêts.	40,027,543
	Ensemble.	80,805,415
4,000,000	Capital à éteindre. . .	80,000,000
43,350,000	Reste en caisse. . . .	805,415

XVIe. REMBOURSEMENT ANNUEL.

		fr.
	Restant en caisse. . .	805,415
	Intérêts.	40,270
	Arrérages des rachats .	43,350,000
	Intérêts.	541,875
	Dotation fixe et intérêts.	40,027,543
	Ensemble.	84,765,103
4,200,000	Capital à éteindre. . .	84,000,000
47,550,000	Reste en caisse. . . .	765,103

XVIIe. REMBOURSEMENT ANNUEL.

		fr.
Arrérages des rachats de rentes 5 pour cent.	Restant en caisse. . .	765,103
	Intérêts.	38,255
	Arrérages des rachats. .	47,550,000
fr.	Intérêts.	594,375
47,550,000	Dotation fixe et intérêts.	40,027,543
	Ensemble.	88,975,276
4,400,000	Capital à éteindre. . .	88,000,000
51,950,000	Reste en caisse. . . .	975,276

XVIIIe. REMBOURSEMENT ANNUEL.

		fr.
	Restant en caisse. . .	975,276
	Intérêts.	48,763
	Arrérages des rachats. .	51,950,000
	Intérêts.	649,375
	Dotation fixe et intérêts.	40,027,543
	Ensemble.	93,650,957
4,650,000	Capital à éteindre. . .	93,000,000
56,600,000	Reste en caisse. . . .	650,957

XXVIIe. REMBOURSEMENT ANNUEL.

		fr.
Arrérages des rachats de rentes 5 pour cent.	Restant en caisse. . .	506,139
	Intérêts.	12,653
	Arrérages des rachats. .	51,600,000
fr.	Intérêts.	322,500
103,200,000	Dotation fixe et intérêts.	80,286,008
	Ensemble.	132,727,300
6,636,365	Capital à éteindre. . .	132,727,300
109,836,565	Balance de caisse. . .	zéro.

OBSERVATIONS.

Pour établir une comparaison exacte entre les 26 années de la durée de l'achèvement de la libération, résultante de cet ordre de combinaisons, et les 53 années de la durée de l'achèvement de la libération, résultante des dispositions et prévisions financières de M. le président du conseil des ministres, il faut ajouter à ces vingt-six années de durée, les deux années au plus nécessaires pour la libération des 20 millions de rentes des hospices et des majorats, qui ne se trouvent pas comprises dans la masse des rentes à éteindre, ce qui fixerait, alors, à 28 années au plus la durée de l'achèvement de la libération complète et parfaitement comparable.

En effet pour la libération de ces 20 millions de rentes qui représentent un capital nominal de

400 millions.

On aurait pour puissance amortissante à la fin de la 26e. année,

Arrérages des rachats en rentes 5 pour cent, et en rentes 3 pour cent de la conversion et de l'indemnité.	139,836,365 fr.
Dotation fixe	77,503,204 fr.
Ensemble	217,339,569 fr.
Pour deux années	434,679,138 fr.

XXIIIe. REMBOURSEMENT ANNUEL.

Arrérages des rachats de rentes 5 pour cent.		fr.
	Restant en caisse. . .	708,091
	Intérêts.	35,404
	Arrérages des rachats. .	77,600,000
fr.	Intérêts.	970,000
77,600,000	Dotation fixe et intérêts.	40,027,543
	Ensemble.	119,341,038
5,950,000	Capital à éteindre. . .	119,000,000
83,550,000	Reste en caisse. . . .	341,038

XXIVe. REMBOURSEMENT ANNUEL.

		fr.
	Restant en caisse. . .	341,038
	Intérêts.	17,051
	Arrérages des rachats. .	83,550,000
	Intérêts.	1,044,375
	Dotation fixe et intérêts.	40,027,543
	Ensemble.	124,980,007
6,200,000	Capital à éteindre. . .	124,000,000
89,750,000	Reste en caisse. . . .	980,007

XXVe. REMBOURSEMENT ANNUEL.

Arrérages des rachats de rentes 5 pour cent.		fr.
	Restant en caisse. . . .	980,007
	Intérêts:	49,000
	Arrérages des rachats. .	89,750,000
fr.	Intérêts.	1,121,875
89,750,000	Dotation fixe et intérêts.	40,027,543
	Ensemble.	131,928,425
6,550,000	Capital à éteindre. . .	131,000,000
96,300,000	Reste en caisse. . .	928,425

XXVIe. REMBOURSEMENT ANNUEL.

		fr.
	Restant en caisse. . . .	928,425
	Intérêts.	46,421
	Arrérages des rachats. .	96,300,000
	Intérêts.	1,203,750
	Dotation fixe et intérêts.	40,027,543
	Ensemble.	138,506,139
6,900,000	Capital à éteindre. .	138,000,000
103,200,000	Reste en caisse. . . .	506,139

MOYENS

D'OBTENIR LE BIEN QUE DÉSIRENT

LE ROI,

LE DAUPHIN,

ET LES CHAMBRES,

ET

D'ÉVITER LES MAUX QUI DÉRIVENT DES CONCEPTIONS FINANCIÈRES DE M. LE PRÉSIDENT DU CONSEIL DES MINISTRES.

Capital excédent de plus de 34 millions le capital nominal des 20 millions des hospices et des majorats.

Ainsi en comparant les durées, avec cette donnée de l'achèvement complet de la libération de la dette générale, on a

Par le plan de M. de Villèle . .	55 années.
Par ce nouveau plan	28 années.
Excédent comparatif de durée dans le plan de M. de Villèle . .	27 années.

Or si l'on relève, dans le tableau de la page 77, les débours que, dans le plan de M. de Villèle, les contribuables seront forcés d'effectuer pendant ces 27 années, on trouve qu'ils s'élèvent en capital seulement à

3,802,991,564 fr.

Mais, à la vérité, ils auront profité dans les 28 années précédentes, du produit des annihilations des rentes rachetées.

Joignons à cette considération celle d'être forcément liés pendant cet excédeut de 27 années, pour la disposition de nouveaux emprunts, et de nouvelles combinaisons financières fructifères, et prononçons sur la préférence à accorder à l'un ou à l'autre des deux plans.

PRONOSTIC DE SALUT.

BELLE FRANCE!

Vous repousserez les *suggestions étrangères ;* vous écarterez *les fausses et tortueuses directions des mauvais GÉNIES qui entravent votre marche ;* vous n'obéirez qu'à votre *raison*, qu'à vos *lumières*, qu'à *l'éminence* de votre civilisation, *acquise à si haut prix :*

Et vous *prospérerez ;* et vous *conserverez le rang qui vous est assigné ;* et vous obtiendrez le fruit de vos *nobles et honorables efforts ;* et vous consoliderez le *bonheur* et le *repos* de vos enfants ; et *tous vos vœux seront*, ENFIN, *remplis.*

VIVE

LE ROI.

VIVE

LE DAUPHIN.

Armand Séguin.

APPENDICE.

BILAN GÉNÉRAL

de l'exécution des conceptions financières
de M. le Président du Conseil des Ministres,
basé
sur le résultat matériel, actuellement existant,
de ces conceptions,
et
sur les prévisions ministérielles à ce sujet.

1re Année d'exécution.

Du 22 *juin* 1825, *au* 22 *juin* 1826.

L'importance des rentes 5 pour cent qui ont été *converties* en rentes 3 pour cent s'est élevée a

30,573,794 fr.

L'importance des rentes 3 pour cent *émises* pour subvenir aux besoins de cette conversion s'est élevée à

24,459,035 fr

Antérieurement au 22 juin 1825, la puissance amortissante avait déjà *retiré* de la circulation une masse de ces rentes 3 pour cent dont l'importance était de . . 433,097 fr.

La diminuant de l'émission totale. . . 24,459,035 fr.

Il ne *restait plus* en circulation que . 24,025,938 fr.

Du 22 juin 1825 au 22 juin 1826, *l'importance* des rentes 3 pour cent qui devront être *émises* pour subvenir au premier cinquième des indemnités s'élèvera à

6,000,000 fr.

L'*importance* des rentes 3 pour cent en circulation pendant la première année d'exécution se composera donc ainsi qu'il suit :

1°. Rentes de conversion . . . . . . 24,025,938 fr.

2°. Rentes du premier cinquième des indemnités . . . . 6,000,000 fr.

Ensemble . . . . 30,025,938 fr.

Notre puissance amortissante qui, d'après les conceptions financières de M. le président du conseil des ministres, ne doit plus éprouver *annuellement* aucun changement dans son *importance* s'élève à

77,503,204 fr.

Proportionnellement, les portions de cette puissance *afférentes* aux quotités *relatives* de chacune des deux *origines* de rentes 3 pour cent en circulation seraient ainsi qu'il suit :

Pour conversions	. . . .	62,015,948 fr.
Pour indemnites	. . . .	15,487,256 fr.
Ensemble	. . . .	77,503,204 fr.

D'après la proclamation des *prévisions* ministérielles, les rachats de l'amortissement s'effectueraient, dans cette première année, du 22 juin 1825 au 22 juin 1826, au taux moyen de

77 fr., pour 3 fr.

D'où il résulterait,

Que les rachats en rente 3 pour cent, faits au taux de 77 francs pour 3 francs, avec la puissance amortissante de 77,503,204 francs, s'élèveraient à

3,019,604 fr.

Lesquels, *proportionnellement*, eu égard aux quotités *respectives* des deux *origines* de rentes en circulation, et des portions de la puissance amortissante qui leur sont *afférentes*, se composeraient ainsi qu'il suit :

Rentes provenant des conversions	. . . .	2,416,204 fr.
Rentes provenant des indemnités	. .	603,400 fr.
Ensemble	. . . .	3,019,604 fr.

2e Année d'exécution.

Du 22 *juin* 1826, *au* 22 *juin* 1827.

Dans cette seconde année, *l'importance* des 3 pour cent provenant de conversions se trouvera *diminuée* des rentes rachetées dans la première année :

Et, de même, *l'importance* des 3 pour cent provenant des indemnités se trouvera *diminuée* des rentes rachetées dans la première année ; mais, en même temps, elle se trouvera *augmentée* de l'émission du second cinquième des rentes *promises* aux indemnisés.

Voici dès-lors quel serait, dans la seconde année, l'état de situation de ces deux *origines* de rentes en circulation.

Rentes des indemnités.

Les deux premiers cinquièmes des indemnités s'élèvent à	12,000,000 fr.
A déduire pour rachats dans la première année	603,400 fr.
Restera en circulation . . .	11,396,600 fr.

Rentes des conversions.

Produit des conversions	24,025,938 fr.
A déduire pour rachats dans la première année	2,416,204 fr.
Restera en circulation . . .	21,609,734 fr.

Réunion.

Rentes des conversions	21,609,734 fr.
Rentes des deux premiers cinquièmes des indemnités	11,396,600 fr.
Ensemble . . . . , . .	33,006,334 fr.

Puissance amortissante.

77,303,204 fr.

Portions de la puissance amortissante afférentes *aux 3 pour cent des deux* origines *en circulation.*

Pour conversions	50,742,504 fr.
Pour indemnités . . . , ...	26,760,700 fr.
Ensemble	77,303,204 fr.

Taux des rachats.

79 francs pour 3 francs.

Rentes rachetées.

Rentes provenant des conversions . . .	1,926,932 fr.
Rentes provenant des indemnités . . .	1,016,230 fr.
Ensemble , ...	2,943,162 fr.

3e Année d'exécution.

Du 22 juin 1827, au 22 juin 1828.

Dans cette troisième année, *l'importance* des 3 pour cent provenant des conversions se trouvera *diminuée* des rentes rachetées dans les deux premières années;

Et, de même, *l'importance* des 3 pour cent provenant des indemnités se trouvera *diminuée* des rentes rachetées dans ces deux premières années; mais, en même temps, elle se trouvera *augmentée* de l'émission du troisième cinquième des rentes *promises* aux indemnisés.

Voici dès-lors quel serait, dans la troisième année, l'état de situation de ces deux *origines* de rentes en circulation.

Rentes des indemnités.

Les trois premiers cinquièmes des indemnités s'élèvent à	18,000,000 fr.
A déduire pour les rachats	1,619,631 fr.
Restera en circulation	16,380,369 fr.

Rentes des conversions.

Produit des conversions	24,025,938 fr.
A déduire pour les rachats	4,343,136 fr.
Restera en circulation	19,682,802 fr.

Réunion.

Rentes des conversions	19,682,802 fr.
Rentes des trois premiers cinquièmes des indemnités	16,380,369 fr.
Ensemble	36,063,171 fr.

Puissance amortissante.

77,503,204 fr.

Portions de la puissance amortissante afférentes *aux 3 pour cent des deux* origines *en circulation.*

Pour conversions	42,300,368 fr.
Pour indemnités	35,202,836 fr.
Ensemble	77,503,204 fr.

Taux de rachats.

81 francs pour 3 francs.

Rentes rachetées.

Rentes provenant des conversions . .	1,566,670 fr.
Rentes provenant des indemnités . .	1,303,820 fr.
Ensemble	2,870,490 fr.

4e Année d'exécution.

Du 22 juin 1828, au 22 juin 1829.

Dans cette quatrième année, *l'importance* des 3 pour cent provenant des conversions se trouvera *diminuée* des rentes rachetées dans les trois premières années ;

Et, de même, *l'importance* des 3 pour cent provenant des indemnités se trouvera *diminuée* des rentes rachetées dans les trois premières années ; mais, en même temps, elle se trouvera *augmentée* de l'émission du quatrième cinquième des rentes *promises* aux indemnités.

Voici dès lors quel serait, dans la quatrième année, l'état de situation de ces deux *origines* de rentes en circulation.

Rentes des indemnités.

Les quatre premiers cinquièmes des indemnités s'élèvent à	24,000,000 fr.
A déduire pour les rachats	2,923,451 fr.
Restera en circulation . . .	21,076,549 fr.

Rentes des conversions.

Produit des conversions	24,025,938 fr.
A déduire pour les rachats	5,909,806 fr.
Restera en circulation . . .	18,116,132 fr.

Réunion.

Rentes des conversions	18,116,132 fr.
Rentes des quatre premiers cinquièmes des indemnités	21,076,549 fr.
Ensemble	39,192,681 fr.

Puissance amortissante.

77,503,204 fr.

Portions de la puissance amortissante afférentes *aux* 3 *pour cent des deux* origines *en circulation.*

Pour conversions	35,824,503 fr.
Pour indemnités.	41,678,701 fr.
Ensemble	77,503,204 fr.

Taux des rachats.

83 francs pour 3 francs.

Rentes rachetées.

Rentes provenant des conversions . .	1,294,861 fr.
Rentes provenant des indemnités . .	1,506,461 fr.
Ensemble	2,801,322 fr.

5e Année d'exécution.

Du 22 juin 1829, au 22 juin 1830.

Dans cette cinquième année, *l'importance* des 3 pour cent provenant des conversions se trouvera *diminuée* des rentes rachetées dans les quatre premières années ;

Et, de même, *l'importance* des 3 pour cent provenant des indemnités se trouvera *diminuée* des rentes rachetées dans les quatre premières années ; mais, en même temps, elle se trouvera *augmentée* de l'émission du dernier cinquième des rentes *promises* aux indemnisés.

Voici dès lors quel serait, dans la cinquième année, l'état de situation de ces deux origines de rente en circulation ;

Rentes des indemnités.

Les cinq cinquièmes des indemnités s'élèvent à	30,000,000 fr.
A déduire pour les rachats	4,429,912 fr.
Restera en circulation . . .	25,570,088 fr.

Rentes des conversions.

Produit des conversions	24,025,938 fr.
A déduire pour les rachats	7,204.667 fr.
Restera en circulation . .	16,821,271 fr.

Réunion.

Rentes des conversions	16,821,271 fr.
Rentes des cinq cinquièmes des indemnités	25,570,088 fr.
Ensemble	42,391,359 fr.

Puissance amortissante.

77,503,204 fr.

Portions de la puissance amortissante afférentes *aux* 3 *pour cent des deux* origines *en circulation.*

Pour conversions	30,753,966 fr.
Pour indemnités	46,749,238 fr.
Ensemble	77,503,204 fr.

Taux des rachats.

85 francs pour 3 francs.

Rentes rachetées.

Rentes provenant des conversions . .	1,085,433 fr.
Rentes provenant des indemnités . .	1,649,976 fr.
Ensemble	2,735,409 fr.

6e Année d'exécution.

Du 22 juin 1830, au 22 juin 1831.

Dans cette sixième année, *l'importance* des 3 pour cent provenant des conversions et des indemnités, ne devant plus *augmenter*, éprouveront au contraire des *diminutions* proportionnelles aux rachats faits dans les cinq premières années.

Voici dès-lors quel serait, dans la sixième année, l'état de situation de ces deux origines de rentes en circulation ;

Rentes des indemnités.

Emission totale	30,000,000 fr.
A déduire pour les rachats	6,079,888 fr.
Restera en circulation . . .	23,920,112 fr.

Rentes des conversions.

Produit des conversions	24,025,938 fr.
A déduire pour les rachats	8,290,097 fr.
Restera en circulation . .	15,735,841 fr.

Réunion.

Rentes des conversions	15,735,841 fr.
Rentes des indemnités	23,920,112 fr.
Ensemble	39,655,953 fr.

Puissance amortissante.

77,503,204 fr.

Portions de la puissance amortissante afférentes *aux* 3 *pour cent des deux* origines *en circulation.*

Pour conversions	30,753,966 fr.
Pour indemnités	46,749,238 fr.
Ensemble . . , ...	77,503,204 fr.

Taux des rachats.

87 francs pour 3 francs.

Rentes rachetées.

Rentes provenant des conversions . .	1,060,480 fr.
Rentes provenant des indemnités . . .	1,612,051 fr.
Ensemble.	2,672,531 fr.

7e Année d'exécution.

Du 22 juin 1831, au 22 juin 1832.

Rentes des indemnités.

Emission totale	30,000,000 fr.
A déduire pour les rachats	7,691,939 fr.
Restera en circulation . . .	22,308,061 fr.

Rentes des conversions.

Produit des conversions	24,025,938 fr.
A déduire pour les rachats	9,350,577 fr.
Restera en circulation . . .	14,675,361 fr.

Réunion.

Rentes des conversions	14,675,361 fr.
Rentes des indemnités	22,308,061 fr.
Ensemble	36,983,422 fr.

Puissance amortissante.

77,503,204 fr.

Portions de la puissance amortissante afférentes *aux* 3 *pour cent des deux* origines *en circulation.*

Pour les conversions	30,753,966 fr.
Pour les indemnités	46,749,238 fr.
Ensemble	77,503.204 fr.

Taux des rachats.

89 francs pour 3 francs.

Rentes rachetées.

Provenant des conversions	1,036,650 fr.
Provenant des indemnités	1,575,820 fr.
Ensemble	2,612,470 fr.

8e Année d'exécution.

Du 22 juin 1832, au 22 juin 1833.

Rentes des indemnités.

Emission totale.	30,000,000 fr.
A déduire pour les rachats	9,267,759 fr.
Restera en circulation	20,732,241 fr.

Rentes des conversions.

Produit des conversions	24,025,938 fr.
A deduire pour les rachats.	10,387,227 fr.
Restera en circulation . . .	13,638,711 fr

Réunion.

Rentes des conversions	13,638,711 fr.
Rentes des indemnités	20,732,241 fr.
Ensemble	34,370,952 fr.

Puissance amortissante.

77,503,204 fr.

Portions de la puissance amortissante afférentes *aux* 3 *pour cent des deux* origines *en circulation.*

Pour conversions	30,753,966 fr.
Pour indemnités	46,749,238 fr.
Ensemble	77,503,204 fr.

Taux des rachats.

91 francs pour 3 francs.

Rentes rachetées.

Rentes provenant des conversions . .	1,013,867 fr.
Rentes provenant des indemnités . .	1,541,427 fr.
Ensemble	2,555,294 fr.

9e Année d'exécution.

Du 22 juin 1833, au 22 juin 1834.

Rentes des Indemnités.

Emission totale	30,000,000 fr.
A déduire pour les rachats	10,809,186 fr.
Restera en circulation	19,190,814 fr.

Rentes des conversions.

Produit des conversions.	24,025,938 fr.
A déduire pour les rachats	11,401,094 fr.
Restera en circulation	12,624,844 fr.

Réunion.

Rentes des conversions.	12,624,844 fr.
Rentes des indemnités	19,190,814 fr.
Ensemble	31,815,658 fr.

Puissance amortissante.

77,503,204 francs.

Portions de la puissance amortissante afférentes *aux 3 pour cent des deux* origines *en circulation.*

Pour conversions	30,753,966 fr.
Pour indemnités	46,749,238 fr.
Ensemble	77,503,204 fr.

Taux des rachats.

93 francs pour 3 francs.

Rentes rachetées.

Rentes provenant des conversions . . .	992,064 fr.
Rentes provenant des indemnités. . . .	1,508,037 fr.
Ensemble	2,500,101 fr.

10ᵉ Année d'exécution.

Du 22 juin 1834, au 22 juin 1835.

Rentes des indemnités.

Emission totale.	30,000,000 fr.
A déduire pour les rachats	12,317,222 fr.
Restera en circulation.	17,682,778 fr.

Rentes des conversions.

Produit des conversions	24,025,938 fr.
A déduire pour les rachats	12,393,157 fr.
Restera en circulation.	11,632,781 fr.

Réunion.

Rentes des conversions	11,632,781 fr.
Rentes des indemnités	17,682,778 fr.
Ensemble	29,315,559 fr.

Puissance amortissante.

77,503,204 francs.

Portions de la puissance amortissante afférentes *aux* 3 *pour cent des deux* origines *en circulation.*

Pour conversions	30,753,966 fr.
Pour indemnités	46,749,238 fr.
Ensemble	77,503,204 fr.

Taux des rachats.

95 francs pour 3 francs.

Rentes rachetées.

Rentes provenant des conversions . .	971,173 fr.
Rentes provenant des indemnités . .	1,476,287 fr.
Ensemble	2,447,460 fr.

11ᵉ Année d'exécution.

Du 22 juin 1835, au 22 juin 1836.

Rentes des indemnités.

Emission totale	30,000,000 fr.
A déduire pour les rachats	13,793,509 fr.
Restera en circulation . . .	16,206,491 fr.

Rentes des conversions.

Produit des conversions	24,025,938 fr.
A déduire pour les rachats	13,364,330 fr.
Restera en circulation . . .	10,661,608 fr.

Réunion.

Rentes des conversions	10,661,608 fr.
Rentes des indemnités	16,206,491 fr.
Ensemble	26,868,099 fr.

Puissance amortissante.

77,503,204 fr.

Portions de la puissance amortissante afférentes *aux 3 pour cent des deux* origines *en circulation.*

Pour conversions	30,753,966 fr.
Pour indemnités	46,749,238 fr.
Ensemble	77,503,204 fr.

Taux des rachats.

97 francs pour 3 francs.

Rentes rachetées.

Rentes provenant des conversions . .	951,152 fr.
Rentes provenant des indemnités . .	1,445,848 fr.
Ensemble	2,397,000 fr.

12e Année d'exécution.

Du 22 juin 1836, au 22 juin 1837.

Rentes des indemnités.

Emission totale.	30,000,000 fr.
A déduire pour les rachats	15,239,357 fr.
Restera en circulation . . .	14,760,643 fr.

Rentes des conversions.

Produit des conversions	24,025,938 fr.
A déduire pour les rachats	14,315,482 fr,
Restera en circulation . . .	9,710,456 fr.

Réunion.

Rentes des conversions	9,710,456 fr.
Rentes des indemnités	14,760,643 fr.
Ensemble	24,471,099 fr.

Puissance amortissante.

77,503,204 fr.

Portions de la puissance amortissante afférentes *aux* 3 *pour cent des deux* origines *en circulation.*

Pour conversions	30,753,966 fr.
Pour indemnités	46,749,238 fr.
Ensemble	77,503,204 fr.

Taux des rachats.

99 francs pour 3 francs.

Rentes rachetées.

Rentes provenant des conversions . .	931,938 fr.
Rentes provenant des indemnités . . .	1,416,646 fr.
Ensemble	2,348,584 fr.

DE LA CONVERSION

des rentes 5 pour cent en rentes 3 pour cent,

dans son rapport

avec les décharges *ou les* surcharges

qui en résulteront pour les contribuables:

1re Année d'exécution *(décharge.)*

Du 22 *juin* 1825, *au* 22 *juin* 1826.

Puissance amortissante.

77,503,204 fr.

Taux des rachats.

77 francs pour 3 francs.

Portion de la puissance amortissante afférente *aux* 3 *pour cent des conversions.*

62,015,948 fr.

Rachats des 3 *pour cent provenant des conversions.*

2,416,204 fr.

Capital de leur émission.

60,405,100 fr.

Balance.

Fonds employés aux rachats	62,015,948 fr.
Capital reçu par émission	60,405,100 fr.
Perte *sur le capital* par les rachats. .	1,610,848 fr.

Résumé.

Perte *sur le capital* par les rachats . .	1,610,848 fr.
Perte *sur les arrérages*.	342,297 fr.
Ensemble	1,953,145 fr.
Le bénéfice de la réduction étant de . .	3,057,379 fr.
Reste en *bénéfice* ou *décharge* pour les contribuables	1,104,234 fr.

2ᵉ Année d'exécution (*décharge.*)

Du 22 juin 1826, au 22 juin 1827.

Puissance amortissante.

77,503,245

Taux des rachats.

79 francs pour 3 francs.

Portion de la puissance amortissante afférente *aux rachats des* 3 *pour cent des conversions.*

50,742,504 fr.

Rachats des 3 *pour cent provenant des conversions.*

1,926,932 fr.

Capital de leur émission.

48,173,300 fr.

Balance.

Fonds employés aux rachats	50,742,504 fr.
Capital reçu par émission	48,173,300 fr.
Perte *sur le capital* par les rachats. . .	2,569,204 fr.

Résumé.

Perte *sur le capital* par les rachats . .	2,569,204 fr.
Perte *sur les arrérages*.	1,294,786 fr.
Ensemble	3,863,990 fr.
Le bénéfice de la réduction étant de . .	6,114,759 fr.
Reste en *bénéfice* ou *décharge* pour les contribuables	2,250,769 fr.

3e Année d'exécution (*décharge.*)

Du 22 juin 1827, au 22 juin 1828.

Puissance amortissante.

77,503,204 fr.

Taux des rachats.

81 francs pour 3 francs.

Portion de la puissance amortissante afférente *aux rachats des* 3 *pour cent des conversions.*

42,300,368 fr.

Rachats des 3 *pour cent provenant des conversions.*

1,566,670 fr.

Capital de leur émission.

39,166,750 fr.

Balance.

Fonds employés aux rachats	42,300,368 fr.
Capital reçu par émission.	39,166,750 fr.
Perte *sur le capital* par les rachats.	3,133,618 fr.

Résumé.

Perte *sur le capital* par les rachats . .	3,133,618 fr.
Perte *sur les arrérages*	1,843,134 fr.
Ensemble	4,976,752 fr.
Le *bénéfice* de la réduction étant de . .	6,114,759 fr.
Reste en *bénéfice* ou *décharge* pour les contribuables	1,138,007 fr.

4e Année d'exécution (*décharge.*)

Du 22 juin 1828, au 22 juin 1829.

Puissance amortissante.

77,503,204 fr.

Taux des rachats.

83 francs pour 3 francs.

Portion de la puissance amortissante afférente *aux rachâts des* 3 *pour cent des conversions.*

35,824,503 fr.

Rachats des 3 *pour cent provenant des conversions.*

1,294,861 fr.

Capital de leur émission.

32,371,525 fr.

Balance.

Fonds employés aux rachats	35,824,503 fr.
Capital reçu par émission	32,371,525 fr.
Perte *sur le capital* par les rachats.	3,452,978 fr.

Résumé.

Perte *sur le capital* par les rachats. .	3,452,978 fr.
Perte *sur les arrérages*.	2,339,498 fr.
Ensemble	5,792,476 fr.
Le *bénéfice* de la réduction étant de . .	6,114,759 fr.
Reste en *bénéfice* ou *décharge* pour les contribuables	322,283 fr.

5e Année d'exécution (*surcharge.*)

Du 22 juin 1829, au 22 juin 1830.

Puissance amortissante.

77,503,204 fr.

Taux des rachats.

85 francs pour 3 francs.

Portion de la puissance amortissante afférente *aux rachats des 3 pour cent des conversions.*

30,753,966 fr.

Rachats des 3 pour cent provenant des conversions.

2,083,430 fr.

Capital de leur émission.

27,135,730 fr.

Balance.

Fonds employés aux rachats	30,753,966 fr.
Capital reçu par émission	27,135,750 fr.
Perte *sur le capital* par les rachats.	3,618,216 fr.

Résumé.

Perte *sur le capital* par les rachats. . .	3,618,216 fr.
Perte *sur les arrérages*	2,791,766 fr.
Ensemble	6,409,982 fr.
Le *bénéfice* de la conversion étant de .	6,114,759 fr.
Reste en *perte* ou *surcharge* pour les contribuables	295,223 fr.

6e Année d'exécution *(surcharge.)*

Du 22 juin 1830, au 22 juin 1831.

Puissance amortissante.

77,503,204 francs.

Taux des rachats.

87 francs pour 3 francs.

Portion de la puissance amortissante afférente *aux rachats des 3 pour cent des conversions.*

30,753,966 francs.

Rachats des 3 pour cent provenant des conversions.

1,060,480 francs.

Capital de leur émission.

26,512,000 francs.

Balance.

Fonds employés aux rachats	30,753,966 fr.
Capital reçu par émission	26,512,000 fr.
Perte *sur le capital* par les rachats . .	4,241,966 fr.

Résumé.

Perte *sur le capital* par les rachats. . .	4,241,966 fr.
Perte *sur les arrérages*	3,268,984 fr.
Ensemble	7,510,950 fr.
Le *bénéfice* de la réduction étant de . .	6,114,759 fr.
Reste en *perte* ou *surcharge* pour les contribuables	1,396,191 fr.

7e Année d'exécution (*surcharge.*)

Du 22 juin 1831, au 22 juin 1832.

Puissance amortissante.

77,503,204 francs.

Taux des rachats.

89 francs pour 3 francs.

Portion de la puissance amortissante afférente *aux rachats des conversions.*

30,753,966 francs.

Rachats des 3 pour cent provenant des conversions.

1,036,650 francs.

Capital de leur émission.

25,916,230 francs.

Balance.

Fonds employés aux rachats	30,753,966 fr.
Capital reçu par émission	25,916,250 fr.
Perte *sur le capital* par les rachats.	4,837,716 fr.

Résumé.

Perte *sur le capital* par les rachats . .	4,837,716 fr.
Perte *sur les arrérages.*	3,770,032 fr.
Ensemble	8,607,748 fr.
A *déduire* le *bénéfice* de la réduction .	6,114,759 fr.
Reste en *perte* ou *surcharge* pour les contribuables	2,492,989 fr.

8e Année d'exécution (*surcharge.*)

Du 22 juin 1832, au 22 juin 1833.

Puissance amortissante.

77,503,204 francs.

Taux des rachats.

91 francs pour 3 francs.

Portion de la puissance amortissante afférente *aux rachats des 3 pour cent des conversions.*

30,753,966 francs.

Rachats des 3 pour cent provenant des conversions.

1,013,867 francs.

Capital de leur émission.

25,346,675 fr.

Balance.

Fonds employés aux rachats	30,753,966 fr.
Capital reçu par émission	25,346,675 fr.
Perte *sur le capital* par les rachats . .	5,407,291 fr.

Résumé.

Perte *sur le capital* par les rachats . .	5,407,291 fr.
Perte *sur les arrérages.*	4,293,863 fr.
Ensemble	9,701,154 fr.
A *déduire* le *bénéfice* de la réduction .	6,114,759 fr.
Reste en *perte* ou *surcharge* pour les contribuables.	3,586,395 fr.

9e Année d'exécution (*surcharge.*)

Du 22 juin 1833, au 22 juin 1834.

Puissance amortissante.

77,503,204 francs.

Taux des rachats.

93 francs pour 3 francs.

Portion de la puissance amortissante afférente aux rachats des 3 pour cent des conversions.

30,753,966 fr.

Rachats des 3 pour cent provenant des conversions.

992,063 francs.

Capital de leur émission.

24,801,573 francs.

Balance.

Fonds employés aux rachats	30,753,966 fr.
Capital reçu par émission	24,801,575 fr.
Perte *sur le capital* par les rachats . .	5,952,391 fr.

Résumé.

Perte *sur le capital* par les rachats . .	5,952,391 fr.
Perte *sur les arrérages*.	4,839,498 fr.
Ensemble	10,791,889 fr.
A *déduire* le *bénéfice* de la réduction .	6,114,759 fr.
Reste en *perte* ou *surcharge* pour les contribuables	4,677,130 fr.

10e Année d'exécution (*surcharge.*)

Du 22 juin 1834, au 22 juin 1835.

Puissance amortissante.

77,303,204 fr.

Taux des rachats.

95 francs pour 3 francs.

Portion de la puissance amortissante afférente *aux rachats des 3 pour cent des conversions.*

30,753,966 fr.

Rachats des 3 pour cent, provenant des conversions.

971,173 fr.

Capital de leur émission.

24,279,325 fr.

Balance.

Fonds employés aux rachats.	30,753,966 fr.
Capital reçu par émission.	24,279,325 fr.
Perte *sur le capital* par les rachats. .	6,474,641 fr.

Résumé.

Perte *sur le capital* par les rachats . .	6,474,641 fr.
Pertes *sur les arrérages.*	5,406,023 fr.
Ensemble	11,880,664 fr.
A déduire le bénéfice de la réduction. .	6,114,759 fr.
Reste en *perte* ou *surcharge* pour les contribuables	5,765,905 fr.

11ᵉ Année d'exécution (*surcharge*.)

Du 22 juin 1835, au 22 juin 1836.

Puissance amortissante.

77,503,204 fr.

Taux des rachats.

97 fr. pour 3 fr.

Portion de la puissance amortissante afférente *aux rachats des 3 pour cent des conversions.*

30,753,966 fr.

Rachats des 3 pour 100 provenant des conversions.

931,152 fr.

Capital de leur émission.

23,778,800 fr.

Balance.

Fonds employés aux rachats.	30,753,966 fr.
Capital reçu par émission.	23,778,800 fr.
Perte *sur le capital* par les rachats.	6,975,166 fr.

Résumé.

Perte *sur le capital* par les rachats . .	6,975,166 fr.
Perte *sur les arrérages*.	5,406,023 fr.
Ensemble.	12,381,189 fr.
A déduire le bénéfice de la réduction .	6,114,759 fr.
Reste en *perte* ou *surcharge* pour les contribuables	6,266,430 fr.

12e Année d'exécution (*surcharge.*)

Du 22 juin 1836, au 22 juin 1837.

Puissance amortissante.

77,503,204 fr.

Taux des rachats,

99 francs pour 3 francs.

Portion de la puissance amortissante afférente *aux rachats des 3 pour cent des conversions.*

30,753,966 fr.

Rachats des 3 pour cent provenant des conversions.

931,738 fr.

Capital de leur émission.

23,293,450 fr.

Balance.

Fonds employés aux rachats.	30,753,966 fr.
Capital reçu par émission.	23,293,450 fr.
Perte *sur le capital* par les rachats. .	7,460,516 fr.

Résumé.

Perte *sur le capital* par les rachats. . .	7,460,516 fr.
Perte *sur les arrérages*.	6,083,759 fr.
Ensemble.	13,544,275 fr.
A déduire le *bénéfice* de la réduction. .	6,114,759 fr.
Reste en *perte* ou *surcharge* pour les contribuables	7,429,516 fr.

DÉBOURS ANNUELS

qu'auraient à supporter les contribuables,
pendant les 55 années
nécessaires à leur libération rentière,
par suite et d'après une exécution
des conceptions et prévisions financières
de M. le Président du Conseil des Ministres.

1re Année.

Du 22 juin 1825, au 22 juin 1826.

Arrérages des 3 pour cent provenant des conversions	24,023,938 fr.
Arrérages des 3 pour cent provenant des indemnités	6,000,000 fr.
Arrérages des 5 pour cent non convertis.	129,759,597 fr.
Dotation annuelle et fixe	77,503,204 fr.
Ensemble	237,288,739 fr.
Montant de leurs frais de perception . .	45,084,861 fr.
Total	282,373,600 fr.

2e Année.

Du 22 *juin* 1826, *au* 22 *juin* 1827.

Arrérages des 3 pour cent provenant des conversions	21,609,744 fr.
Arrérages des 3 pour cent provenant des indemnités	11,596,600 fr.
Arrérages des 5 pour cent non convertis.	129,759,597 fr.
Dotation annuelle et fixe	77,503,204 fr.
Ensemble	240,469,145 fr.
Montant de leurs frais de perception . .	45,689,140 fr.
Total	286,158,285 fr.

3e Année.

Du 22 *juin* 1827, *au* 22 *juin* 1828.

Arrérages des 3 pour cent provenant des conversions	19,682,802 fr.
Arrérages des 3 pour cent provenant des indemnités	16,380,369 fr.
Arrérages des 5 pour cent non convertis.	129,759.597 fr.
Dotation annuelle et fixe	77,503,204 fr.
Ensemble	243,325,972 fr.
Montant de leurs frais de perception . .	46,231,935 fr.
Total.	289,557,907 fr.

4e Année.

Du 22 juin 1828, *au 22 juin* 1829.

Arrérages des 3 pour cent provenant des conversions	18,116,132 fr.
Arrérages des 3 pour cent provenant des indemnités	21,076,549 fr.
Arrérages des 5 pour cent non convertis.	129,759,597 fr.
Dotation annuelle et fixe	77,503,204 fr.
Ensemble	246,455,482 fr.
Montant de leurs frais de perception .	46,826,542 fr.
Total	293,282,024 fr.

5e Année.

Du 22 juin 1829, *au 22 juin* 1830.

Arrérages des 3 pour cent provenant des conversions	16,821,271 fr.
Arrérages des 3 pour cent provenant des indemnités	25,570,088 fr.
Arrérages des 5 pour cent non convertis.	129,759,597 fr.
Dotation annuelle et fixe	77,503,204 fr.
Ensemble	249,654,160 fr.
Montant de leurs frais de perception . .	47,434,291 fr.
Total.	297,088,451 fr.

6e Année.

Du 22 juin 1830, *au 22 juin* 1831.

Arrérages des 3 pour cent provenant des conversions	15,735,841 fr.
Arrérages des 3 pour cent provenant des indemnités	23,920,112 fr.
Arrérages des 5 pour cent non convertis.	129,759,597 fr.
Dotation annuelle et fixe	77,503,204 fr.
Ensemble	246,918,754 fr.
Montant de leurs frais de perception . .	46,914,565 fr.
Total.	293,833,319 fr.

7e Année.

Du 22 juin 1831, *au 22 juin* 1832.

Arrérages des 3 pour cent provenant des conversions	14,675,361 fr.
Arrérages des 3 pour cent provenant des indemnités	22,308,061 fr.
Arrérages des 5 pour cent non convertis.	129,759,597 fr.
Dotation annuelle et fixe	77,503,204 fr.
Ensemble	244,246,223 fr.
Montant de leurs frais de perception .	46,406,680 fr.
Total	290,652,903 fr.

8e Année.

Du 22 juin 1832, au 22 juin 1833.

Arrérages des 3 pour cent provenant des conversions	13,638,711 fr.
Arrérages des 3 pour cent provenant des indemnités	20,732,241 fr.
Arrérages des 5 pour cent non convertis.	129,759,597 fr.
Dotation annuelle et fixe	77,503,204 fr.
Ensemble	241,633,753 fr.
Montant de leurs frais de perception .	45,910,413 fr.
Total.	287,544,166 fr.

9e Année.

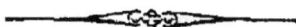

Du 22 juin 1833, au 22 juin 1834.

Arrérages des 3 pour cent provenant des conversions	12,624,844 fr.
Arrérages des 3 pour cent provenant des indemnités	19,190,814 fr.
Arrérages des 5 pour cent non convertis.	129,759,597 fr.
Dotation annuelle et fixe	77,503,204 fr.
Ensemble	239,078,459 fr.
Montant de leurs frais de perception .	45,424,908 fr.
Total	284,503,367 fr.

10e Année.

Du 22 *juin* 1834, *au* 22 *juin* 1835.

Arrérages des 3 pour cent provenant des conversions	11,632,781 fr.
Arrérages des 3 pour cent provenant des indemnités	17,682,778 fr.
Arrérages des 5 pour cent non convertis.	129,759,597 fr.
Dotation annuelle et fixe	77,503,204 fr.
Ensemble	236,578,360 fr.
Montant de leurs frais de perception .	44,949,889 fr.
Total	281,528,249 fr.

11e Année.

Du 22 *juin* 1835, *au* 22 *juin* 1836.

Arrérages des 3 pour cent provenant des conversions	10,661,608 fr.
Arrérages des 3 pour cent provenant des indemnités . , ...	16,206,491 fr.
Arrérages des 5 pour cent non convertis.	129,759,597 fr.
Dotation annuelle et fixe	77,503,204 fr.
Ensemble	234,130,900 fr.
Montant de leurs frais de perception . .	44,484,871 fr.
Total	278,615,771 fr.

12e Année.

Du 22 juin 1836, au 22 juin 1837.

Arrérages des 3 pour cent provenant des conversions	9,710,456 fr.
Arrérages des 3 pour cent provenant des indemnités	14,760,643 fr.
Arrérages des 5 pour cent non convertis.	129,759,597 fr.
Dotation annuelle et fixe	77,503,204 fr.
Ensemble	231,733,900 fr.
Montant de leurs frais de perception .	44,029,441 fr.
Total	275,763,341 fr.

13e Année.

Du 22 juin 1837, au 22 juin 1838.

Arrérages des 3 pour cent provenant des conversions	8,778,518 fr.
Arrérages des 3 pour cent provenant des indemnités	13,343,997 fr.
Arrérages des 5 pour cent non convertis.	129,759,597 fr.
Dotation annuelle et fixe	77,503,204 fr.
Ensemble	229,385,316 fr.
Montant de leurs frais de perception . .	43,583,210 fr.
Total.	272,968,526 fr.

14e Année.

Du 22 juin 1838, au 22 juin 1839.

Arrérages des 3 pour cent provenant des conversions	8,778,518 fr.
Arrérages des 3 pour cent provenant des indemnités	13,343,997 fr.
Arrérages des 5 pour cent non convertis.	125,884,437 fr.
Dotation annuelle et fixe	77,503,204 fr.
Ensemble	225,510,156 fr.
Montant de leurs frais de perception . .	42,846,949 fr.
Total.	268,357,105 fr.

15e Année.

Du 22 juin 1839, au 22 juin 1840.

Arrérages des 3 pour cent provenant des conversions	8,778,518 fr.
Arrérages des 3 pour cent provenant des indemnités	13,343,997 fr.
Arrérages des 5 pour cent non convertis.	122,009,277 fr.
Dotation annuelle et fixe	77,503,204 fr.
Ensemble	221,634,996 fr.
Montant de leurs frais de perception . .	42,110,650 fr.
Total.	263,745,646 fr.

16e Année.

Du 22 juin 1840, au 22 juin 1841.

Arrérages des 3 pour cent provenant des conversions	8,778,518 fr.
Arrérages des 3 pour cent provenant des indemnités	13,343,997 fr.
Arrérages des 5 pour cent non convertis.	118,134,117 fr.
Dotation annuelle et fixe	77,503,204 fr.
Ensemble	217,759,836 fr.
Montant de leurs frais de perception . .	41,374,369 fr.
Total	259,134,205 fr.

17e Année.

Du 22 juin 1841, au 22 juin 1842.

Arrérages des 3 pour cent provenant des conversions	8,778,518 fr.
Arrérages des 3 pour cent provenant des indemnites	13,343,997 fr.
Arrérages des 5 pour cent non convertis.	114,258,957 fr.
Dotation annuelle et fixe	77,503,204 fr.
Ensemble	213,884,676 fr.
Montant de leurs frais de perception . .	40,638,089 fr.
Total.	254,522,765 fr.

18e Année.

Du 22 juin 1842, au 22 juin 1843.

Arrérages des 3 pour cent provenant des conversions	8,778,518 fr.
Arrérages des 3 pour cent provenant des indemnités	13,343,997 fr.
Arrérages des 5 pour cent non convertis.	110,383,797 fr.
Dotation annuelle et fixe	77,503,204 fr.
Ensemble	210,009,516 fr.
Montant de leurs frais de perception . .	39,949,170 fr.
Total.	149,958,686 fr.

19e Année.

Du 22 juin 1843, au 22 juin 1844.

Arrérages des 3 pour cent provenant des conversions	8,778,518 fr.
Arrérages des 3 pour cent provenant des indemnités	13,343,997 fr.
Arrérages des 5 pour cent non convertis.	106,508,637 fr.
Dotation annuelle et fixe	77,503,204 fr.
Ensemble	206,134,356 fr.
Montant de leurs frais de perception . .	39,165,528 fr.
Total.	245,299,884 fr.

20ᵉ Année.

Du 22 juin 1844, au 22 juin 1845.

Arrérages des 3 pour cent provenant des conversions	8,778,518 fr.
Arrérages des 3 pour cent provenant des indemnités	13,343,997 fr.
Arrérages des 5 pour cent non convertis.	102,633,477 fr.
Dotation annuelle et fixe	77,503,204 fr.
Ensemble	202,259,196 fr.
Montant de leurs frais de perception . .	38,429,010 fr.
Total.	240,688,206 fr.

21ᵉ Année.

Du 22 juin 1845, au 22 juin 1846.

Arrérages des 3 pour cent provenant des conversions	8,778,518 fr.
Arrérages des 3 pour cent provenant des indemnités	13,343,997 fr.
Arrérages des 5 pour cent non convertis.	98,758,317 fr.
Dotation annuelle et fixe	77,503,204 fr.
Ensemble	198,384,036 fr.
Montant de leurs frais de perception . .	37,692,967 fr.
Total	236,077,003 fr.

22e Année.

Du 22 juin 1846, au 22 juin 1847.

Arrérages des 3 pour cent provenant des conversions	8,778,518 fr.
Arrérages des 3 pour cent provenant des indemnités	13,343,997 fr.
Arrérages des 5 pour cent non convertis.	94,883,157 fr.
Dotation annuelle et fixe	77,503,204 fr.
Ensemble	194,508,876 fr.
Montant de leurs frais de perception . .	36,956,687 fr.
Total	231,465,563 fr.

23e Année.

Du 22 juin 1847, au 22 juin 1848.

Arrérages des 3 pour cent provenant des conversions	8,778.518 fr.
Arrérages des 3 pour cent provenant des indemnites	13,343,997 fr.
Arrérages des 5 pour cent non convertis.	91,007,997 fr.
Dotation annuelle et fixe	77,503,204 fr.
Ensemble	190.633,716 fr.
Montant de leurs frais de perception . .	36,220,406 fr.
Total	226,854,122 fr.

24e Année.

Du 22 juin 1848, *au 22 juin* 1849.

Arrérages des 3 pour cent provenant des conversions.	8,778,518 fr.
Arrérages des 3 pour cent provenant des indemnités	13,343,997 fr.
Arrerages des 5 pour cent non convertis.	87,132,837 fr.
Dotation annuelle et fixe	77,503,204 fr.
Ensemble	186,758,556 fr.
Montant de leurs frais de perception . .	35,484,126 fr.
Total	222,242,682 fr.

25e Année.

Du 22 juin 1849, *au 22 juin* 1850.

Arrérages des 3 pour cent provenant des conversions	8,778,518 fr.
Arrerages des 3 pour cent provenant des indemnités.	13,343,997 fr.
Arrérages des 5 pour cent non convertis.	85,277,677 fr.
Dotation annuelle et fixe	77,503,204 fr.
Ensemble	184,903,396 fr.
Montant de leurs frais de perception . .	32,727,845 fr.
Total.	217,631,241 fr.

26e Année.

Du 22 juin 1830, au 22 juin 1831.

Arrérages des 3 pour cent provenant des conversions	8,778,518 fr.
Arrérages des 3 pour cent provenant des indemnités	13,343,997 fr.
Arrérages des 5 pour cent non convertis.	79,402,517 fr.
Dotation annuelle et fixe	77,503,204 fr.
Ensemble	179,028,236 fr.
Montant de leurs frais de perception . .	33,991,565 fr.
Total	213,019,801 fr.

27e Année.

Du 22 juin 1831, au 22 juin 1832.

Arrérages des 3 pour cent provenant des conversions	8,778,518 fr.
Arrérages des 3 pour cent provenant des indemnités	13,343,997 fr.
Arrérages des 5 pour cent non convertis.	75,527,357 fr.
Dotation annuelle et fixe	77,503,204 fr.
Ensemble	175,153,076 fr.
Montant de leurs frais de pereeption .	33,255,485 fr.
Total	208,408,561 fr.

28ᵉ Année.

Du 22 juin 1852, *au 22 juin* 1853.

Arrérages des 3 pour cent provenant des conversions	8,778,518 fr.
Arrérages des 3 pour cent provenant des indemnités	13,343,997 fr.
Arrérages des 5 pour cent non convertis.	71,652,197 fr.
Dotation annuelle et fixe	77,503,204 fr.
Ensemble	171,277,916 fr.
Montant de leurs frais de perception . .	32,519,004 fr.
Total	203,796,920 fr.

29ᵉ Année.

Du 22 juin 1853, *au 22 juin* 1854.

Arrérages des 3 pour cent provenant des conversions	8,778,518 fr.
Arrérages des 3 pour cent provenant des indemnités	13,343,997 fr.
Arrérages des 5 pour cent non convertis.	67,777,037 fr.
Dotation annuelle et fixe	77,503,204 fr.
Ensemble	167,402,756 fr.
Montant de leurs frais de perception . .	31,782,724 fr.
Total	199,185,480 fr.

30e Année.

Du 22 *juin* 1834, *au* 22 *juin* 1835.

Arrérages des 3 pour cent provenant des conversions	8,778,518 fr.
Arrérages des 3 pour cent provenant des indemnités	13,343,997 fr.
Arrérages des 5 pour cent non convertis.	63,902,877 fr.
Dotation annuelle et fixe	77,503,204 fr.
Ensemble	163,528,596 fr.
Montant de leurs frais de perception .	31,045,444 fr.
Total	194,574,040 fr.

31e Année.

Du 22 *juin* 1835, *au* 22 *juin* 1836.

Arrérages des 3 pour cent provenant des conversions	8,778,518 fr.
Arrérages des 3 pour cent provenant des indemnités	13,343,997 fr.
Arrérages des 5 pour cent non convertis.	60,025,717 fr.
Dotation annuelle et fixe	77,503,204 fr.
Ensemble	159,651,436 fr.
Montant de leurs frais de perception. .	30,311,163 fr.
Total	189,962,599 fr.

32e Année.

Du 22 juin 1836, au 22 juin 1837.

Arrérages des 3 pour cent provenant des conversions	8,778,518 fr.
Arrérages des 3 pour cent provenant des indemnités	13,343,997 fr.
Arrérages des 5 pour cent non convertis.	56,150,557 fr.
Dotation annuelle et fixe	77,503,204 fr.
Ensemble	155,776,276 fr.
Montant de leurs frais de perception	29,574,883 fr.
Total	185,351,159 fr.

33e Année.

Du 22 juin 1837, au 22 juin 1838.

Arrérages des 3 pour cent provenant des conversions	8,778,518 fr.
Arrérages des 3 pour cent provenant des indemnités	13,343,997 fr.
Arrérages des 5 pour cent non convertis.	52,275,397 fr.
Dotation annuelle et fixe	77,503,204 fr.
Ensemble	151,901,116 fr.
Montant de leurs frais de perception	28,838,602 fr.
Total	180,739,718 fr.

34e Année.

Du 22 *juin* 1838, *au* 22 *juin* 1839.

Arrérages des 3 pour cent provenant des conversions	3,778,518 fr.
Arrérages des 3 pour cent provenant des indemnités	13,343,997 fr.
Arrérages des 5 pour cent non convertis.	48,400,237 fr.
Dotation annuelle et fixe.	77,503,204 fr.
Ensemble.	143,025,956 fr.
Montant de leurs frais de perception . .	28,117,516 fr.
Total	176,143,478 fr.

35e Année.

Du 22 *juin* 1839, *au* 22 *juin* 1840.

Arrérages des 3 pour cent provenant des conversions	3,778,518 fr.
Arrérages des 3 pour cent provenant des indemnités	13,343,997 fr.
Arrérages des 5 pour cent non convertis.	44,525,077 fr.
Dotation annuelle et fixe	77,503,204 fr.
Ensemble	144,130,796 fr.
Montant de leurs frais de perception . .	27,369,042 fr.
Total	171,516,838 fr.

36e Année.

Du 22 juin 1860, au 22 juin 1861.

Arrérages des 3 pour cent provenant des conversions	8,778,518 fr.
Arrérages des 3 pour cent provenant des indemnites	13,343,997 fr.
Arrérages des 5 pour cent non convertis.	40,649,917 fr.
Dotation annuelle et fixe.	77,503,204 fr.
Ensemble	140,273,636 fr.
Montant de leurs frais de perception . .	26,629,761 fr.
Total.	166,905,397 fr.

37e Année.

Du 22 juin 1861, au 22 juin 1862.

Arrérages des 3 pour cent provenant des conversions	8,778,518 fr.
Arrérages des 3 pour cent provenant des indemnités	13,343,997 fr.
Arrérages des 5 pour cent non convertis.	36,774,757 fr.
Dotation annuelle et fixe	77,503,204 fr.
Ensemble	136,400,476 fr.
Montant de leurs frais de perception . .	25,893,481 fr.
Total	162,293,957 fr.

58e Année.

Du 22 juin 1862, au 22 juin 1863.

Arrérages des 3 pour cent provenant des conversions	8,778,518 fr.
Arrérages des 3 pour cent provenant des indemnités.	13,343,997 fr.
Arrérages des 5 pour cent non convertis.	32,899,597 fr.
Dotation annuelle et fixe.	77,503,204 fr.
Ensemble	132,525,316 fr.
Montant de leurs frais de perception . .	25,157,200 fr.
Total	157,682,516 fr.

59e Année.

Du 22 juin 1863, au 22 juin 1864.

Arrérages des 3 pour cent provenant des conversions	8,778,518 fr.
Arrérages des 3 pour cent provenant des indemnités	13,343,997 fr.
Arrérages des 5 pour cent non convertis.	29,024,437 fr.
Dotation annuelle et fixe.	77,503,204 fr.
Ensemble	128,650,156 fr.
Montant de leurs frais de perception .	24,420,920 fr.
Total.	153,071,076 fr.

40e Année.

Du 22 juin 1864, au 22 juin 1865.

Arrérages des 3 pour cent provenant des conversions	8,778,518 fr.
Arrérages des 3 pour cent provenant des indemnites	13,343,997 fr.
Arrérages des 5 pour cent non convertis.	25,149,277 fr.
Dotation annuelle et fixe	77,503,204 fr.
Ensemble	124,774,996 fr.
Montant de leurs frais de perception . .	23,684,640 fr.
Total	148,459,636 fr.

41e Année.

Du 22 juin 1865; au 22 juin 1866.

Arrérages des 3 pour cent provenant des conversions.	8,778,518 fr.
Arrérages des 3 pour cent provenant des indemnités	13,343,997 fr.
Arrérages des 5 pour cent non convertis.	21,274,117 fr.
Dotation annuelle et fixe.	77,503,204 fr.
Ensemble.	120,899,836 fr.
Montant de leurs frais de perception. .	22,924,553 fr.
Total.	143,824,389 fr.

42e Année.

Du 22 *juin* 1866, *au* 22 *juin* 1867.

Arrérages des 3 pour cent provenant des conversions	8,778,518 fr.
Arrérages des 3 pour cent provenant des indemnités	13,343,997 fr.
Arrérages des 5 pour cent non convertis.	17,398,957 fr.
Dotation annuelle et fixe	77,503,204 fr.
Ensemble	117,024,676 fr.
Montant de leurs frais de perception .	22,012,079 fr.
Total	139,236,755 fr.

43e Année.

Du 22 *juin* 1867, *au* 22 *juin* 1868.

Arrérages des 3 pour cent provenant des conversions	8,778,318 fr.
Arrérages des 3 pour cent provenant des indemnités	13,343,997 fr.
Arrérages des 5 pour cent non convertis.	13,523,797 fr.
Dotation annuelle et fixe	77,503,204 fr.
Ensemble.	113,149,516 fr.
Montant de leurs frais de perception. .	21,475,798 fr.
Total	134,625,314 fr.

44e Année.

Du 22 *juin* 1868, *au* 22 *juin* 1869.

Arrérages des 3 pour cent provenant des conversions	8,778,518 fr.
Arrérages des 3 pour cent provenant des indemnités	13,343,997 fr.
Arrérages des 5 pour cent non convertis.	9,688,537 fr.
Dotation annuelle et fixe	77,503,204 fr.
Ensemble.	109,314,256 fr.
Montant de leurs frais de perception. .	20,699,618 fr.
Total	130,013,874 fr.

45e Année.

Du 22 *juin* 1869, *au* 22 *juin* 1870.

Arrérages des 3 pour cent provenant des conversions	8,778,518 fr.
Arrérages des 3 pour cent provenant des indemnités	13,343,997 fr.
Arrérages des 5 pour cent non convertis.	5,773,477 fr.
Dotation annuelle et fixe	77,503,204 fr.
Ensemble.	105,399,196 fr.
Montant de leurs frais de perception. .	20,003,238 fr.
Total	125,402,434 fr.

6 Mois.

Du 22 juin 1870, au 17 décembre 1870.

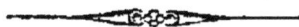

Arrérages des 3 pour cent provenant des conversions	4,389,260 fr.
Arrérages des 3 pour cent provenant des indemnités	6,671.990 fr.
Arrérages des 5 pour cent non convertis.	1,898,317 fr.
Dotation annuelle et fixe	37,673,167 fr.
Ensemble.	50,634,734 fr.
Montant de leurs frais de perception . .	9,597,681 fr.
Total	60,232,415 fr.

46e Année.

Du 17 décembre 1770 au 17 décembre 1771.

Arrérages des 3 pour cent provenant des conversions.	8,778,318 fr.
Arrérages des 3 pour cent provenant des indemnités.	13,343,197 fr.
Dotation annuelle et fixe.	77,503,204 fr.
Ensemble.	99,625,719 fr.
Montant de leurs frais de perception. .	18,928,887 fr.
Total	118,554,606 fr.

47e Année.

Du 17 décembre 1871, au 17 décembre 1872.

Arrérages des 3 pour cent provenant des conversions	7,833,899 fr.
Arrérages des 3 pour cent provenant des indemnités	11,941,520 fr.
Dotation annuelle et fixe	77,503,204 fr.
Ensemble	97,300.623 fr.
Montant de leurs frais de perception. .	18,501,097 fr.
Total	1[illegible],801,722 fr.

48e Année.

Du 17 décembre 1872, au 17 décembre 1873.

Arrérages des 3 pour cent provenant des conversions	6,933,280 fr.
Arrérages des 3 pour cent provenant des indemnités	10,539,043 fr.
Dotation annuelle et fixe	77,503,204 fr.
Ensemble	94,975,527 fr.
Montant de leurs frais de perception .	18,045,635 fr.
Total	113,021,162 fr.

49e Année.

Du 17 *décembre* 1873, *au* 17 *décembre* 1874.

Arrérages des 3 pour cent provenant des conversions	6,010,661 fr.
Arrérages des 3 pour cent provenant des indemnités	9,136,566 fr.
Dotation annuelle et fixe	77;503,204 fr.
Ensemble.	92,650,431 fr.
Montant de leurs frais de perception . .	17,603,867 fr.
Total.	110,254,298 fr.

50e Année.

Du 17 *décembre* 1874, *au* 17 *décembre* 1875.

Arrérages des 3 pour cent provenant des conversions.	5,088,042 fr.
Arrérages des 3 pour cent provenant des indemnités	7,734,089 fr.
Dotation annuelle et fixe	77,503,204 fr.
Ensemble.	90,325,335 fr.
Montant de leurs frais de perception .	17,162,099 fr.
Total.	107,487,434 fr.

51e Année.

Du 17 *décembre* 1875, *au* 17 *décembre* 1876.

Arrérages des 3 pour cent provenant des conversions	4,163,423 fr.
Arrérages des 3 pour cent provenant des indemnités	6,331,612 fr.
Dotation annuelle et fixe	77,505,204 fr.
Ensemble	88,000,239 fr.
Montant de leurs frais de perception	16,770,330 fr.
Total	104,770,569 fr.

52e Année.

Du 17 *décembre* 1876, *au* 17 *décembre* 1877.

Arrérages des 3 pour cent provenant des conversions	3,242,304 fr.
Arrérages des 3 pour cent provenant des indemnités	4,929,135 fr.
Dotation annuelle et fixe	77,503,204 fr.
Ensemble	85,674,643 fr.
Montant de leurs frais de perception	16,279,062 fr.
Total	101,953,705 fr.

53e Année.

Du 17 décembre 1877, au 17 décembre 1878.

Arrérages des 3 pour cent provenant des conversions	2,320,183 fr.
Arrérages des 3 pour cent provenant des indemnités.	3,526,658 fr.
Dotation annuelle et fixe.	77,503,204 fr.
Ensemble	83,350,047 fr.
Montant de leurs frais de perception. .	15,826,794 fr.
Total	99,176,841 fr.

54e Année.

Du 17 décembre 1878, au 17 décembre 1879.

Arrérages des 3 pour cent provenant des conversions	1,397,566 fr.
Arrérages des 3 pour cent provenant des indemnités.	2,124,181 fr.
Dotation annuelle et fixe.	77,503,204 fr.
Ensemble	81,024,951 fr.
Montant de leurs frais de perception. .	15,395,028 fr.
Total	96,419,979 fr.

55ᵉ Année, pour solde.

Du 17 *décembre* 1879, *au* 22 *juin* 1880.

Six mois, cinq jours (1).

Arrérages des 3 pour cent provenant des conversions	474,947 fr.
Arrérages des 3 pour cent provenant des indemnités	721,704 fr.
Portion afférente de dotation	39,828,035 fr.
Ensemble	41,024,686 fr.
Montant de leurs frais de perception. .	7,794,975 fr.
Total	48,819,661 fr.

(1) Cette 55ᵉ année complète les six mois, du 22 juin 1825 au 31 décembre 1825.

DETTE EN CAPITAL

dont chaque année, et après rachats,
les contribuables resteront grévés
par suite et d'après une exécution
des conceptions et prévisions financières
de M. le Président du Conseil des Ministres.

1825. — 1826.

Causes de la dette.	Montant de la dette.
Pour les 3 pour cent de conversions .	800,864,600 fr.
Pour les 3 pour cent d'indemnités. .	1,000,000,000 fr.
Pour les 5 pour cent non convertis. .	2,595,191,940 fr.
Ensemble	4,396,056,540 fr.
Pour les frais de perception nécessités par l'acquittement de la dette. . . .	835,250,743 fr.
Total de la charge. . . .	5,231,307,283 fr.

1826. — 1827.

Causes de la dette.	Montant de la dette.
Pour les 3 pour cent de conversions. .	720,324,466 fr.
Pour les 3 pour cent d'indemnités. .	979,886,667 fr.
Pour les 5 pour cent non convertis. .	2,595,191,940 fr.
Ensemble	4,295,403,073 fr.
Pour les frais de perception nécessités par l'acquittement de la dette. . . .	816,126,584 fr.
Total de la charge. . . .	5,111,529,657 fr.

1827. — 1828.

Causes de la dette.	Montant de la dette.
Pour les 8 pour cent de conversions .	656,090,140 fr.
Pour les 3 pour cent d'indemnités. .	946,012,300 fr.
Pour les 5 pour cent non convertis. .	2,595,191,940 fr.
Ensemble	4,197,294,380 fr.
Pour les frais de perception nécessités par l'acquittement de la dette.	797,486,283 fr.
Total de la charge. . . .	4,994,780,663 fr.

1828. — 1829.

Causes de la dette.	Montant de la dette.
Pour les 3 pour cent des conversions .	603,537,733 fr.
Pour les 3 pour cent d'indemnités. .	902,551,633 fr.
Pour les 5 pour cent non convertis .	2,595,191,940 fr.
Ensemble	4,101,281,306 fr.
Pour les frais de perception nécessités par l'acquittement de la dette. . . .	779,521,052 fr.
Total de la charge. . . .	4,880,802,358 fr.

1829. — 1830.

Causes de la dette.	Montant de la dette.
Pour les 3 pour cent de conversions .	560,709,033 fr.
Pour les 3 pour cent d'indemnites. .	852,336,266 fr.
Pour les 5 pour cent non convertis. .	2,595,191,940 fr.
Ensemble	4,008,237,239 fr.
Pour les frais de perception nécessités par l'acquittement de la dette. . . .	761,565,619 fr.
Total de la charge. . . .	4,769,802,858 fr.

1830. — 1831.

Causes de la dette.	Montant de la delte.
Pour les 3 pour cent de conversions .	524,528,033 fr.
Pour les 3 pour cent d'indemnités. .	797,337,066 fr.
Pour les 5 pour cent non convertis. .	2,595,191,940 fr.
Ensemble	3,917,057,039 fr.
Pour les frais de perception nécessités par l'acquittement de la dette. . . .	744,240,881 fr.
Total de la charge. . . .	4,661,297,920 fr.

1831. — 1832.

Causes de la dette.	Montant de la dette.
Pour les 3 pour cent de conversions .	509,178,700 fr.
Pour les 3 pour cent d'indemnités. .	743,602,033 fr.
Pour les 5 pour cent non convertis. .	2,595,191,940 fr.
Ensemble	3,847,972,673 fr.
Pour les frais de perception nécessités par l'acquittement de la dette. . . .	731,114,843 fr.
Total de la charge. . . .	4,579,087,516 fr.

1832. — 1833.

Causes de la dette.	Montant de la dette.
Pour les 3 pour cent de conversions .	454,623,700 fr.
Pour les 3 pour cent d'indemnités. .	691,074,700 fr.
Pour les 5 pour cent non convertis. .	2,595,191,940 fr.
Ensemble	3,740,890,340 fr.
Pour les frais de perception nécessités par l'acquittement de la dette. . . .	710,772,165 fr.
Total de la charge. . . .	4,451,662,505 fr.

1833. — 1834.

Causes de la dette.	Montant de la dette.
Pour les 3 pour cent de conversions .	420,828,133 fr.
Pour les 3 pour cent d'indemnités. .	639,693,800 fr.
Pour les 5 pour cent non convertis. .	2,595,191,940 fr.
Ensemble	3,655,713,873 fr.
Pour les frais de perception nécessités par l'acquittement de la dette. . . .	694,585,627 fr.
Total de la charge. . . .	4,350,299,500 fr.

1834. — 1835.

Causes de la dette.	Montant de la dette.
Pour les 3 pour cent de conversions. .	387,759,366 fr.
Pour les 3 pour cent d'indemnités. .	589,425,933 fr.
Pour les 5 pour cent non convertis. .	2,595,191,940 fr.
Ensemble	3,572,377,239 fr.
Pour les frais de perception nécessités par l'acquittement de la dette. . . .	678,751,676 fr.
Total de la charge. . . .	4,251,128,915 fr.

1835. — 1836.

Causes de la dette.	Montant de la dette.
Pour les 3 pour cent de conversions .	355,386,933 fr.
Pour les 3 pour cent d'indemnités. .	540,216,366 fr.
Pour les 5 pour cent non convertis. .	2,595,191,940 fr.
Ensemble	3,490,795,239 fr.
Pour les frais de perception nécessités par l'acquittement de la dette. . . .	663,251,616 fr.
Total de la charge. . . .	4,154,046,855 fr.

1836. — 1837.

Causes de la dette.	Montant de la dette.
Pour les 3 pour cent de conversions. .	323,681,866 fr.
Pour les 3 pour cent d'indemnités. .	492,021,433 fr.
Pour les 5 pour cent non convertis. .	2,595,191,940 fr.
Ensemble	3,410,895,239 fr.
Pour les frais de perception nécessités par l'acquittement de la dette. . . .	648,070,146 fr.
Total de la charge. . . .	4,058,965,385 fr.

1837. — 1838.

Causes de la dette.	Montant de la dette.
Pour les 3 pour cent de conversions. .	292,617,266 fr.
Pour les 3 pour cent d'indemnités. .	444,799,900 fr.
Pour les 5 pour cent non convertis. .	2,595,191,940 fr.
Ensemble	3,332,609,106 fr.
Pour les frais de perception nécessités par l'acquittement de la dette. . . .	633,195,730 fr.
Total de la charge. . . .	3,965,804,836 fr.

1838. — 1839.

Causes de la dette.	Montant de la dette.
Pour les 3 pour cent de conversions . .	292,617,266 fr.
Pour les 3 pour cent d'indemnités. . .	444,799,900 fr.
Pour les 5 pour cent non convertis .	2,517,688,736 fr.
Ensemble	3,255,105,902 fr.
Pour les frais de perception nécessités par l'acquittement de la dette	618,470,131 fr.
Total de la charge	3,873,376,033 fr.

1839. — 1840.

Causes de la dette.	Montant de la dette.
Pour les 3 pour cent de conversions. .	292,617,266 fr.
Pour les 3 pour cent d'indemnités . .	444,799,900 fr.
Pour les 5 pour cent non convertis .	2,440,185,532 fr.
Ensemble	3,177,602,698 fr.
Pour les frais de perception nécessités par l'acquittement de la dette	603,744,512 fr.
Total de la charge.	3,781,347,210 fr.

1840. — 1841.

Causes de la dette.	Montant de la dette.
Pour les 3 pour cent de conversions. .	292,617,266 fr.
Pour les 3 pour cent d'indemnités .	444,799,900 fr.
Pour les 5 pour cent non convertis .	2,362,682,340 fr.
Ensemble.	3,100,099,506 fr.
Pour les frais de perception nécessités par l'acquittement de la dette . . .	589,047,266 fr.
Total de la charge .	3,689,146,772 fr.

1841. — 1842.

Causes de la dette.	Montant de la dette.
Pour les 3 pour cent de conversions. .	292,617,266 fr.
Pour les 3 pour cent d'indemnités .	444,799,900 fr.
Pour les 5 pour cent non convertis .	2,285,179,140 fr.
Ensemble	3,022,596,306 fr.
Pour les frais de perception nécessités par l'acquittement de la dette . . .	574,273,298 fr.
Total de la charge .	3,596,869,604 fr.

1842. — 1843.

Causes de la dette.	Montant de la dette.
Pour les 3 pour cent de conversions. .	292,617,266 fr.
Pour les 3 pour cent d'indemnités . .	444,799,900 fr.
Pour les 5 pour cent non convertis .	2,207,675,940 fr.
Ensemble . . .	2,945,093,106 fr.
Pour les frais de perception nécessités par l'acquittement de la dette . . .	559,567,690 fr.
Total de la charge.	3,504,660.796 fr.

1843. — 1844.

Causes de la dette.	Montant de la dette.
Pour les 3 pour cent de conversions. .	292,617,266 fr.
Pour les 3 pour cent d'indemnités .	444,799,900 fr.
Pour les 5 pour cent non convertis . .	2,130,172,740 fr.
Ensemble	2,867,589,906 fr.
Pour les frais de perception nécessités par l'acquittement de la dette . . .	545,042,082 fr.
Total de la charge .	3,412,631,988 fr.

1844. — 1845.

Causes de la dette.	Montant de la dette.
Pour les 3 pour cent de conversions .	292,617,266 fr.
Pour les 3 pour cent d'indemnités. .	444,799,900 fr.
Pour les 5 pour cent non convertis .	2,052,669,540 fr.
Ensemble.	2,790,086,706 fr.
Pour les frais de perception nécessités par l'acquittement de la dette . . .	530,116,574 fr.
Total de la charge . . .	3,320,203,280 fr.

1845. — 1846.

Causes de la dette.	Montant de la dette.
Pour les 3 pour cent de conversions. .	292,617,266 fr.
Pour les 3 pour cent d'indemnités. . .	444,799,900 fr.
Pour les 5 pour cent non convertis .	1,975,166,340 fr.
Ensemble	2,712,583,506 fr.
Pour les frais de perception nécessités par l'acquittement de la dette . . .	515,390,866 fr.
Total de la charge	3,227,974,372 fr.

1846. — 1847.

Causes de la dette.	Montant de la dette.
Pour les 3 pour cent de conversions. .	292,617,266 fr.
Pour les 3 pour cent d'indemnités . .	444,799,900 fr.
Pour les 5 pour cent non convertis .	1,897,663,140 fr.
Ensemble	2,635,080,306 fr.
Pour les frais de perception nécessités par l'acquittement de la dette . . .	500,664,068 fr.
Total de la charge	3,135.744,374 fr.

1847. — 1848.

Causes de la dette.	Montant de la dette.
Pour les 3 pour cent de conversions .	292,617,266 fr.
Pour les 3 pour cent d'indemnités. . .	444,799,900 fr.
Pour les 5 pour cent non convertis .	1,820,159,940 fr.
Ensemble.	2,557,577,106 fr.
Pour les frais de perception nécessités par l'acquittement de la dette . . .	485,939,630 fr.
Total de la charge	3,043,516,736 fr.

1848. — 1849.

Causes de la dette.	Montant de la dette.
Pour les 3 pour cent de conversions. .	292,617,266 fr.
Pour les 3 pour cent d'indemnités .	444,799,900 fr.
Pour les 5 pour cent non convertis .	1,742,656,740 fr.
Ensemble	2,480,073,906 fr.
Pour les frais de perception nécessités par l'acquittement de la dette . . .	471,214,037 fr.
Total de la charge .	2,951,287,943 fr.

1849. — 1850.

Causes de la dette.	Montant de la dette.
Pour les 3 pour cent de conversions . .	292,617,266 fr.
Pour les 3 pour cent d'indemnités .	444,799,900 fr.
Pour les 5 pour cent non convertis .	1,665,553,540 fr.
Ensemble	2,402,970,706 fr.
Pour les frais de perception nécessités par l'acquittement de la dette	456,564,434 fr.
Total de la charge .	2,859,535,140 fr.

1850. — 1851.

Causes de la dette.	Montant de la dette.
Pour les 3 pour cent des conversions .	292,617,266 fr.
Pour les 3 pour cent des indemnités .	444,799,900 fr.
Pour les 5 pour cent non convertis. .	1,588,050,340 fr.
Ensemble.	2,325,467,506 fr.
Pour les frais de perception nécessités par l'acquittement de la dette. . . .	442,838,826 fr.
Total de la charge. . . .	2,768,306,332 fr.

1851. — 1852.

Causes de la dette.	Montant de la dette.
Pour les 3 pour cent des conversions .	292,617,266 fr.
Pour les 3 pour cent des indemnités .	444,799,900 fr.
Pour les 5 pour cent non convertis. .	1,510,547,140 fr.
Ensemble.	2,247,964,306 fr.
Pour les frais de perception nécessités par l'acquittement de la dette. . . .	427,113,218 fr.
Total de la charge. . . .	2,675,077,524 fr.

1852. — 1853.

Causes de la dette.	Montant de la dette.
Pour les 3 pour cent des conversions .	292,617,266 fr.
Pour les 3 pour cent des indemnités .	444,799,900 fr.
Pour les 5 pour cent non convertis. .	1,433,043,940 fr.
Ensemble.	2,170,461,106 fr.
Pour les frais de perception nécessités par l'acquittement de la dette. . . .	412,387,610 fr.
Total de la charge. . . .	2,583,848,716 fr.

1853. — 1854.

Causes de la dette.	Montant de la dette.
Pour les 3 pour cent des conversions .	292,617,266 fr.
Pour les 3 pour cent des indemnités .	444,799,900 fr.
Pour les 5 pour cent non convertis. .	1,335,540,740 fr.
Ensemble.	2,092,957,906 fr.
Pour les frais de perception nécessités par l'acquittement de la dette. . . .	397,660,002 fr.
Total de la charge. . . .	2,490,617,908 fr.

1834. — 1835.

Causes de la dette.	Montant de la dette.
Pour les 3 pour cent des conversions .	292,617,266 fr.
Pour les 3 pour cent des indemnités .	444,799,900 fr.
Pour les 5 pour cent non convertis. .	1,278,057,540 fr.
Ensemble	2,015,474,706 fr.
Pour les frais de perception nécessités par l'acquittement de la dette. . . .	382,940,194 fr.
Total de la charge. . . .	2,398,414,900 fr.

1835. — 1836.

Causes de la dette.	Montant de la dette.
Pour les 3 pour cent des conversions .	292,617,266 fr.
Pour les 3 pour cent des indemnités .	444,799,900 fr.
Pour les 5 pour cent non convertis. .	1,200,514,340 fr.
Ensemble	1,937,931,506 fr.
Pour les frais de perception nécessités par l'acquittement de la dette	368,206,986 fr.
Total de la charge. . . .	2,306,138,492 fr.

1856. — 1857.

Causes de la dette.	Montant de la dette.
Pour les 3 pour cent des conversions.	292,617,266 fr.
Pour les 3 pour cent des indemnités .	444,799,900 fr.
Pour les 5 pour cent non convertis. .	1,123,011,140 fr.
Ensemble.	1,860,428,306 fr.
Pour les frais de perception nécessités par l'acquittement de la dette. . . .	353,481,378 fr.
Total de la charge. . . .	2,213,909,684 fr.

1857. — 1858.

Causes de la dette.	Montant de la dette.
Pour les 3 pour cent des conversions.	292,617,266 fr.
Pour les 3 pour cent des indemnités.	444,799,900 fr.
Pour les 5 pour cent non convertis. .	1,045,507,940 fr.
Ensemble.	1,782,925,106 fr.
Pour les frais de perception nécessités par l'acquittement de la dette	338,755,770 fr.
Total de la charge. . . .	2,121,680,876 fr.

1858. — 1859.

Causes de la dette.	Montant de la dette.
Pour les 3 pour cent des conversions.	292,617,266 fr.
Pour les 3 pour cent des indemnités. .	444,799,900 fr.
Pour les 5 pour cent non convertis. .	968,004,740 fr.
Ensemble	1,705,421,906 fr.
Pour les frais de perception nécessités par l'acquittement de la dette. . . .	324,030,162 fr.
Total de la charge. . . .	2,029,452,068 fr.

1859. — 1860.

Causes de la dette.	Montant de la dette.
Pour les 3 pour cent des conversions.	292,617,266 fr.
Pour les 3 pour cent des indemnités. .	444,799,900 fr.
Pour les 5 pour cent non convertis. .	890,501,540 fr.
Ensemble	1,627,918,706 fr.
Pour les frais de perception nécessités par l'acquittement de la dette. . . .	309,304,554 fr.
Total de la charge. . . .	1,937,223,260 fr.

1860. — 1861.

Causes de la dette.	Montant de la dette.
Pour les 3 pour cent des conversions.	292,617,266 fr.
Pour les 3 pour cent des indemnités. .	444,799,900 fr.
Pour les 5 pour cent non convertis. .	812,998,340 fr.
Ensemble	1,550,415,506 fr.
Pour les frais de perception nécessités par l'acquittement de la dette. . . .	294,578,946 fr.
Total de la charge. . . .	1,844,994,452 fr.

1861. — 1862.

Causes de la dette.	Montant de la dette.
Pour les 3 pour cent des conversions.	292,617,266 fr.
Pour les 3 pour cent des indemnités. .	444,799,900 fr.
Pour les 5 pour cent non convertis. .	735,495,140 fr.
Ensemble	1,472,912,306 fr.
Pour les frais de perception nécessités par l'acquittement de la dette. . . .	279,853,338 fr.
Total de la charge. . . .	1,752,765,644 fr.

1862. — 1863.

Causes de la dette.	Montant de la dette.
Pour les 3 pour cent des conversions .	292,617,266 fr.
Pour les 3 pour cent des indemnités. .	444,799,900 fr.
Pour les 5 pour cent non convertis. .	657,991,940 fr.
Ensemble.	1,395,409,106 fr.
Pour les frais de perception nécessités par l'acquittement de la dette	266,317,730 fr.
Total de la charge. . . .	1,661,726,836 fr.

1863. — 1864.

Causes de la dette.	Montant de la dette.
Pour les 3 pour cent des conversions .	292,617,266 fr.
Pour les 3 pour cent des indemnités .	444,799,900 fr.
Pour les 5 pour cent non convertis. .	580,488,740 fr.
Ensemble	1,317,905,906 fr.
Pour les frais de perception nécessités par l'acquittement de la dette. . . .	262,302,132 fr.
Total de la charge. . . .	1,580,208,038 fr.

1864. — 1865.

Causes de la dette.	Montant de la dette.
Pour les 3 pour cent des conversions .	292,617,266 fr.
Pour les 3 pour cent des indemnités .	444,799,900 fr.
Pour les 5 pour cent non convertis. .	502,983,540 fr.
Ensemble	1,240,402,706 fr.
Pour les frais de perception nécessités par l'acquittement de la dette. . . .	235,676,514 fr.
Total de la charge. . . .	1,476,079,220 fr.

1865. — 1866.

Causes de la dette.	Montant de la dette.
Pour les 3 pour cent des conversions .	292,617,266 fr.
Pour les 3 pour cent des indemnités .	444,799,900 fr.
Pour les 5 pour cent non convertis. .	425,482,340 fr.
Ensemble.	1,162,899,506 fr.
Pour les frais de perception nécessités par l'acquittement de la dette. . . .	220,950,906 fr.
Total de la charge. . . .	1,383,850,412 fr.

1866. — 1867.

Causes de la dette.	Montant de la dette.
Pour les 3 pour cent des conversions .	292,617,266 fr.
Pour les 3 pour cent des indemnités .	444,799,900 fr.
Pour les 5 pour cent non convertis. .	347,979,140 fr.
Ensemble.	1,085,396,306 fr.
Pour les frais de perception nécessités par l'acquittement de la dette. . . .	206,225,298 fr.
Total de la charge. . . .	1,291,621,604 fr.

1867. — 1868.

Causes de la dette.	Montant de la dette.
Pour les 3 pour cent des conversions .	292,617,266 fr.
Pour les 3 pour cent des indemnités .	444,799,900 fr.
Pour les 5 pour cent non convertis. .	270,475,940 fr.
Ensemble	1,007,893,106 fr.
Pour les frais de perception nécessités par l'acquittement de la dette	191,499,690 fr.
Total de la charge. . . .	1,199,392,796 fr.

1868. — 1869.

Causes de la dette.	Montant de la dette.
Pour les 3 pour cent des conversions .	292,617,266 fr.
Pour les 3 pour cent des indemnités .	444,799,900 fr.
Pour les 5 pour cent non convertis. .	192,972,740 fr.
Ensemble	930,389,906 fr.
Pour les frais de perception nécessités par l'acquittement de la dette. . . .	176,774,082 fr.
Total de la charge. . . .	1,107,163,988 fr.

1869. — 1870.

Causes de la dette.	Montant de la dette.
Pour les 3 pour cent des conversions .	292,617,266 fr.
Pour les 3 pour cent des indemnités .	444,799,900 fr.
Pour les 5 pour cent non convertis. .	115,469,540 fr.
Ensemble	852,886,706 fr.
Pour les frais de perception nécessités par l'acquittement de la dette. . . .	162,046,094 fr.
Total de la charge. . . .	1,014,932,800 fr.

Six derniers mois de 1870.

Causes de la dette.	Montant de la dette.
Pour les 3 pour cent des conversions .	146,308,633 fr.
Pour les 3 pour cent des indemnités.	222,399,950 fr.
Pour les 5 pour cent non convertis. .	37,966,340 fr.
Ensemble	406,674,923 fr.
Pour les frais de perception nécessités par l'acquittement de la dette. . . .	77,268,236 fr.
Total de la charge. . . .	483,943,159 fr.

1871.

Causes de la dette.	Montant de la dette.
Pour les 3 pour cent des conversions.	292,617,266 fr.
Pour les 3 pour cent des indemnités. .	444,799,900 fr.
Ensemble	737,417,166 fr.
Pour les frais de perception nécessités par l'acquittement de la dette. . . .	152,009,262 fr.
Total de la charge. . . .	889,426,428 fr.

1872.

Causes de la dette.	Montant de la dette.
Pour les 3 pour cent des conversions.	261,896,633 fr.
Pour les 3 pour cent des indemnités .	398,050,666 fr.
Ensemble	659,947,299 fr.
Pour les frais de perception nécessités par l'acquittement de la dette. . . .	138,588,931 fr.
Total de la charge. . . .	798,536,230 fr.

1873.

Causes de la dette.	Montant de la dette.
Pour les 3 pour cent des conversions.	231,109,333 fr.
Pour les 3 pour cent des indemnités .	351,301,433 fr.
Ensemble	582,410,766 fr.
Pour les frais de perception nécessités par l'acquittement de la dette. . . .	110,658,046 fr.
Total de la charge. . . .	693,068,812 fr.

1874.

Causes de la dette.	Montant de la dette.
Pour les 3 pour cent des conversions.	200,333,333 fr.
Pour les 3 pour cent des indemnités .	304,532,233 fr.
Ensemble	504,907,566 fr.
Pour les frais de perception nécessités par l'acquittement de la dette. . . .	95,932,438 fr.
Total de la charge. . . .	600,840,004 fr.

1875.

Causes de la dette.	Montant de la dette.
Pour les 3 ponr cent des conversions .	169,968,066 fr.
Pour les 3 pour cent des indemnités .	237,802,933 fr.
Ensemble.	427,770,999 fr.
Pour les frais de perception nécessités par l'acquittement de la dette. . . .	80,840,107 fr.
Total de la charge. . . .	508, 11,106 fr.

1876.

Causes de la dette.	Montant de la dette.
Pour les 3 pour cent de conversions. .	135,514,100 fr.
Pour les 3 pour cent des indemnités .	211,053,400 fr.
Ensemble	346,567,500 fr.
Pour les frais de perception nécessités par l'acquittement de la dette. . . .	69,814,888 fr.
Total de la charge. . . .	416,382,388 fr.

1877.

Causes de la dette.	Montant de la dette.
Pour les 3 pour cent des conversions .	108,093,466 fr.
Pour les 3 pour cent des indemnités .	164,304,500 fr.
Ensemble	272,397,966 fr.
Pour les frais de perception nécessités par l'acquittement de la dette. . . .	51,755,614 fr.
Total de la charge. . . .	324,153,580 fr.

1878.

Causes de la dette.	Montant de la dette.
Pour les 3 pour cent des conversions .	77,339,833 fr.
Pour les 3 pour cent des indemnités .	84,221,600 fr.
Ensemble	161,561,433 fr.
Pour les frais de perception nécessités par l'acquittement de la dette. . . .	30,696,672 fr.
Total de la charge. . . .	192,258,105 fr.

1879.

Causes de la dette.	Montant de la dette.
Pour les 3 pour cent des conversions .	46,585,533 fr.
Pour les 3 pour cent des indemnités .	70,806,033 fr.
Ensemble	117,391,566 fr.
Pour les frais de perception nécessités par l'acquittement de la dette. . . .	22,305,400 fr.
Total de la charge. . . .	139,696,966 fr.

Six premiers mois de 1880.

Causes de la dette.	Montant de la dette.
Pour les 3 pour cent des conversions .	15,831,566 fr.
Pour les 3 pour cent des indemnités .	24,056,800 fr.
Ensemble	39,888,366 fr.
Pour les frais de perception nécessités par l'acquittement de la dette. . . .	7,578,790 fr.
Total de la charge. . . .	47,467,156 fr.

TABLE

DES MATIÈRES.

Pages.

Pages.

APPENDICE.

Fin de la Table.

www.ingramcontent.com/pod-product-compliance
Lightning Source LLC
Chambersburg PA
CBHW071634270326
41928CB00010B/1921
9782013507363